# 法国 罗纳-阿尔卑斯大区 **旅游指南**

Welcome to Rhone Alpes France

法国罗纳-阿尔卑斯大区旅游局

上海锦绣文章出版社
上海故事会文化传媒有限公司

法国 罗纳-阿尔卑斯大区在欧洲的地理位置

法国 罗纳-阿尔卑斯大区地图

# Welcome to Rhone Alpes France

L'histoire des relations entre Rhône-Alpes et la Chine est marquée du sceau d'une longue tradition d'échanges économiques et culturels, dont l'origine se fond dans l'épopée de la Route de la Soie. Elle est fortement empreinte de l'aventure de l'Institut franco-chinois de Lyon, qui vit le jour à l'orée du 20e siècle au fort de Saint-Irénée de Lyon. Plus de 470 étudiants, représentant la nouvelle génération des cadres de la Chine, séjournèrent ainsi entre Rhône et Saône de 1921 a 1946, renforcant l'amitié et la compréhension mutuelle entre les femmes et les hommes de nos deux territoires.

La vitalité des partenariats s'explique aussi par la force et la constance des liens institutionnels. Depuis vingt-quatre ans, le Conseil régional Rhône-Alpes et la Municipalité de Shanghai font vivre une amitié riche qui irrigue les champs d'une coopération foisonnante. J'ajoute que, depuis 2008, notre partenariat est scellé par un 《 jumelage 》, qui unit nos destinées.

Cette dynamique régionale est confortée par la mobilisation d'Entreprise Rhône-Alpes International (ERAI), notre opérateur rhonalpin pour le développement économique à l'international. En Chine, ERAI est implanté a Pékin, Shanghai et Hong Kong et a déja accompagné plus de 600 entreprises rhônalpines dans leurs projets de développement sur le marché chinois.

En 2010, l'Exposition Universelle de Shanghai représente une chance d'impulser de nouvelles dynamiques de développement pour une autre forme de gouvernance mondiale. Le theme fédérateur 《 Meilleure Ville, Meilleur Vie 》 exprime les attentes majeures de notre temps, face a l'urbanisation galopante, à la saturation des espaces agricoles et naturels, à la pollution de notre environnement.

C'est particulièrement vrai pour ce qui concerne les espaces touristiques qui font la richesse de nos territoires : montagnes, lacs, rivières, espaces naturels, mais aussi patrimoine urbain, sans oublier la richesse de nos terroirs, la tradition et l'innovation gastronomique de nos chefs.

Le Pavillon Rhône-Alpes a été conçu comme un outil de valorisation des savoir-faire régionaux en matière d'éco-construction. Espace de conférences, de démonstrations, de rendez-vous professionnels, le Pavillon Rhone-Alpes est aussi le reflet de l'excellence rhonalpine en matière de gastronomie et de formation, avec le restaurant-école Paul Bocuse.

Avec l'Exposition Universelle de Shanghai, notre partenariat exprime une nouvelle fois sa richesse et sa force, au service d'une amitié fertile et du plaisir toujours renouvelé de nous rencontrer.

*Jean-Jack QUEYRANNE*
*Président de la Région Rhône-Alpes*

# 序言

法国罗纳-阿尔卑斯大区和中国的经济文化交流始于丝绸之路，可谓历史渊源深厚。

此关系更于20世纪初随着里昂的里昂中法大学建成和发展而更进了一大步。1921—1946年，470多名学生生活在罗纳河和索恩河河畔，他们加强了两地人民之间的友谊，加深了对彼此的了解。

这种充满活力的伙伴关系还得益于两地持续紧密的机构合作。24年来，罗纳-阿尔卑斯大区委员会和上海市政府积极致力于友好合作，特别是2008年合作伙伴关系协议更加把我们的命运紧紧联系在了一起。

我们的国际经济促进机构法国罗纳-阿尔卑斯大区企业国际发展协会(ERAI)落户中国更加巩固了这一地区间的合作。在中国，ERAI已经在北京、上海和香港都设置了办事处，并帮助600多家大区企业成功进驻中国市场。

对于以旅游为生的我们来说，这点显得尤为重要：山、湖、河流、自然保护区，还有城市文化遗产，当然也不要忘了我们地区丰富的资源，传统美食和创新美食。

2010年的上海世博会是推进国际事务合作的另一次良好契机。主题“城市让生活更美好”表达了当前人类在城市化进程飞速发展，农业和自然空间缺乏以及环境污染的现状下对未来生活的期望。罗纳-阿尔卑斯大区展馆即是展现我们地区高水平节能建筑的一个载体，有会议室、展览厅和专业洽谈室。罗阿地区馆同时也反映了我们地区著名的美食和教育，如保罗-博古斯烹饪学院餐厅。

上海世博会使我们的合作关系再次迸发生机，我们每一次相会都是友谊的加深和快乐的延续。

*让-雅克·凯拉纳*

*法国 罗纳-阿尔卑斯大区主席*

# 目录

# 罗纳-阿尔卑斯大区简介

## 地理特色

从地图上去看法国的地形，骤眼看来像一个五角形，又像一个高大有型的汉子穿上了大阔袍，迎着风把手脚都尽量撑开，享受着疾风激荡，流满爱冒险与追求浪漫的风情。是的，这块全名叫法兰西共和国的土地，经过漫长而动荡的历史洗礼，却洗不去无尽的风流，连名字都带着华丽的丰采。法国的个性像一个感性多变的女子，不喜欢束缚，热爱生命也热受自由，喜欢追寻刺激也爱安逸和现代化，当游历这个国家时，最好带着一份纯真的幻想力，把家乡的偏见暂时抛开，好好地沉浸在多样化的法兰西风情中，尽情享受。

1

2

1. Golf de Chamonix-Mont Blanc (74) © f. Leclaire
2. Noel a la Clusaz-Aravis (74) © RA Tourisme / P. Lebeau
3. Sommet des postes a Megeve-massif du Mont Blanc (74) © Megeve Tourisme

在红白蓝三色的国旗下，法国宣扬着“自由、平等、博爱”的精神，以文化艺术、传统工艺、乡村美景、山川河流、时尚名城、红酒、美食、苗条淑女、风度型男等等扬名于世。法国由26个大区组成，其中本土有22个，另有四个为海外属地，总面积达647,843平方公里，相当于107个上海市那么大，是西欧最大的国家，世界排名第47位。

法国的地理环境多变，平原与陡峭高山共存，首都巴黎位于巴黎大区，若把法国当作一位真汉子，巴黎就在他的心胸地带，理所当然地成为最注目的地方。然而，相对于时尚及传统文化混杂的巴黎大区，位于“左大腿”位置的东南部则是酷爱大自然与冬季运动者的朝圣之地。这个大区与瑞士及意大利共用山区边界，名称来自一河一山，一边是无时无刻的流动，时而安静时而奔流咆哮；另一边则要与天比高，接近天际的山峰，似是万年寂然不动，又似拒人于千里之外，只让够勇敢和有毅力的勇士去靠近。这样的大区令居民培养出山河俱在的个性，需要沉着时够冷静，面对挑战时不退缩，所以这里的大自然探索活动种类特别多样化。

罗纳—阿尔卑斯大区的山脉绵延至意大利与瑞士的边境，处于西欧的交叉地段，是法国第二大区，亦是仅次于巴黎大区的高度发展区域。大区面积约45,000平方公里，2006年的普查人口达600万。区内现有9所大学，40多所高等专业学校，大学生达23万名，占人口比例颇高。

3

## 罗纳河是大区命脉

罗纳河是法国五大主要河道之一，全长812公里，而上海的苏州河全长125公里，即罗纳河相等于6.5条苏州河那么长。且罗纳河其中522公里在法国境内，流经20个省，连接欧洲北部及地中海，源头来自瑞士瓦莱州海拔1753米的圣哥达峰隆冰川，徐徐而下并贯穿法国南部，在里昂与索恩河汇合向南流动，穿过阿尔卑斯山和中央高原之间的平原地带再流入地中海。由于水流湍急及河道宽阔，罗纳河早在远古时期已是西欧的重要商用河道，带来了人员、物资互相交流的契机。

1. Vignoble du Beaujolais (69) © RA Tourisme / JB. Laissard

山水之间总是灵气之地，罗纳河除了为法国增添商机与生气，亦是法国人创作灵感的泉源。生于与罗纳－阿尔卑斯大区相邻的普罗旺斯大区的法国诗人弗里德里克·米斯特拉尔(Frederic Mistral,1830–1914)，就于1897年创作了著名的长诗《罗纳河之歌》，歌颂这条大河的多样化及重要性。这位诗人被评为“诗作具备新颖的独特性和真正灵感，忠实地描绘了自然景色及其人民的乡土感情”，于1904年与西班牙的剧作家兼诗人何塞·埃切加赖·依·埃伊萨吉雷（Jose Echegaray y Eizaguirre，1832–1916）同获诺贝尔文学奖。

罗纳河于夜色下别有一番风韵，灯光下的倒影另有番味道，举世知名的荷兰后印象派画家文生特·梵高亦被罗纳河迷倒，他于1888年迁到法国南部的亚耳城居住，经常在河边流连闲逛，当时就创作了名画《罗纳河上的星夜》(Starry Night Over the Rhone),蓝色主调抹上黄调的星光和沿岸灯火，一对男女在河畔牵手夜行，那是罗纳河最典型的浪漫之夜。星际转移，罗纳河畔见证了不同年代的爱侣，绵绵情话就随河水而去，画家把一刹那的观感以画笔记下来，等候世人感受那种细腻的感情变化。该画现时收藏于法国巴黎的奥塞美术馆。

3

## 勃朗峰挑选幸运儿

在罗纳－阿尔卑斯大区有许多座高耸入云的山峰，顶端是白皑皑的万年冰川，等着挑战者去征服它，或者被它征服。当肉体谦卑地攀山越岭，俯首低头匍匐前行之际，最能感受到人类的渺小，现代人与远古的祖先一样，渴望和自然和谐共处，那亦是法国人广义的平等与博爱精神。

法国境内的阿尔卑斯区是拿破仑时代率领大军进攻意大利的路线之一，险峻的山峰见证了历史伟人曾经燃烧过的雄心。大区拥有阿尔卑斯山脉最着

1.Jeune cavalier au Vol des Confins-Aravis(74) © RA Tourisme / P. Smit
2.Mont Blanc et l'Aiguille du Midi (74) © OT Chamonix / M. Colonel
3.Sommet du Mont Blanc(74) © OT Chamonix / P. Labarbe

1

2

名的第一高峰——勃朗峰(le mont Blanc)，这个山脉的顶点被喻为“法国人的骄傲”，高度在4807－4810米，是西欧的最高峰。作为城市人也许无法想象勃朗峰到底有多高，但应该知道上海第一高的上海环球金融中心有492米高，勃朗峰大约是把10座大楼垂直叠在一起的高度，举头上望，顶端无疑是最接近天际了。

一般情况下，海拔高度每升高1000米，气温就大约下降6℃。一寸高，一分寒，登山的挑战除了来自刺骨的寒风外，还有日渐稀薄的空气。海拔3000米的高度，空气含氧量只有70%，令人开始出现高山反应；而到接近5000米时，空气含氧量便降至55%左右，若未能适应高山反应，轻则晕眩头痛不适，重则短时间内毙命。

有资格攻顶的都是山神挑选的幸运儿，不是每个人都有那份超越人类极限的坚毅，但阿尔卑斯山并没有拒绝任何人，区内设有多个国际知名的冬季运动站，按不同高度提供各项适宜的活动。无论是滑雪、登雪山、溜冰、乘雪橇，来到这里的人，都能按各自的体力和喜好找到乐趣，严寒的天气保护了天然环境，也保住了区内的经济命脉。

3

1. Lyon(69)-Les Berges du Rhone © RA Tourisme / M. Bougy

## 里昂的古今融和

罗纳－阿尔卑斯大区划分为安省、阿尔代什、德龙、伊泽尔、卢瓦尔、罗纳、萨瓦、上萨瓦等8个省、有近3000个市、镇。其中首府里昂是法国第二大城市，早在公元2世纪，凯撒便将里昂建设成罗马帝国加利亚殖民地的首都，1000年后更成为丝绸之路的西方终端点，足见当时已十分繁盛。现在里昂市内仍能见到罗马时代遗留下来的城墙及圆形广场遗迹。

已有2000年历史的里昂市有两座罗马圆形剧场，分别是大剧场和较小的欧德翁剧场。大剧场是法国最古老的剧场，建立于公元前15年，可容纳3

万人，现今仍然可用作表演场地。里昂和国家首都巴黎关系密切，自从法国新增了高速火车(TGV)后，从巴黎到里昂只需两个小时，火车已成为穿梭于国内城镇最便利的交通工具。

里昂于1998年被联合国教科文组织评为世界遗产，是全区政治、经济和文化中心，设有现代化剧院、艺术博物馆和葡萄酒博物馆，同时亦是国家工业的摇篮，主要工业包括丝织、发电、炼铝、钢铁、煤炭、石油化工及电子等等，另有化工产品包括有机化肥、塑胶及各类药品等等。

除了深厚的文化根基和历史建筑，里昂也是现代化的都市，国际刑警组织国际总部就设在这里，还于2000年举行了国际刑警首届金融罪行国际会议，120多名来自60个国家的国际刑警会员国国家中心代表，以及全球各地执法机关成员聚首，共商如何打击金融犯罪活动，加强情报互换及识别新的犯罪手法。

3

另外，大区内的科研工业亦不可小觑，区内公立及私立的研究室总共有600多个，其中有两万名科研人员埋首研究各样新发明，最终惠及全人类的福祉。

大区内的农业亦相当发达，盛产谷物、畜牧产品及水果蔬菜，也是国内葡萄栽培和葡萄酒生产的重要地区，为法国的红酒事业贡献良多。大区沉着中充满活力，与德国的巴登－符登堡州、意大利的伦巴第大区和西班牙的卡塔卢尼亚地区建立了合作关系，统称为“欧洲的四个发动机”。

罗纳－阿尔卑斯大区的旅游及商业活动十分发达，区内设有28个会议中心，加上各区域在全年四季均有不同卖点，每年约有3000万旅客源源不断访此大区，每年商业旅游的收益达8亿欧元，在法国仅次于巴黎大区和普罗旺斯大区。

在这个大区里，旅客既能感受到大城市里昂的现代化与历史感，亦能纵横大自然间寻找无尽乐趣。区内的气候就如平原到勃朗峰之间那么起伏多变，由于大区位于阿尔卑斯山和中央高原山区一带，离地中海也不远，理所当然地会受到溷杂的地理气候影响，夏秋时分天气暖和湿润，7、8月份的平均气温约20℃，其中里昂等城市的全年平均日照时间达1976小时，在充沛的阳光照耀下，一年四季均是理想的旅游目的地。大区的南部较为干燥，山区则大多潮湿，整体雨量十分充足，既令该区的酒庄遍地开花，红酒事业欣欣向荣，亦成就了茂密的森林和亮丽的郊野景致，吸引了全世界爱好自然的旅客的注目。

冬天，阿尔卑斯山区吹来阵阵冷风，故大区的天气特别寒冷，1至12月的平均温度仅2℃－3℃左右。漫长而严寒的冬天经常下雪，山区悄悄地铺上层层白雪，自然成就了不同特色的冬季运动场地，大区顿时成为业余滑雪爱好者的游乐胜地。

## 法国罗纳–阿尔卑斯大区气候

**气候类型** 大陆地中海性气候
**平均气温** 夏季：19.6℃，冬季：3.4℃
**平均日照** 每年1976小时（里昂）
**平均降雨量** 夏季：71.3毫米；冬季：55.9毫米，每年相当于824.8毫米（里昂）

### 法国罗纳–阿尔卑斯大区天气统计

| 本月 | 平均气温（℃） | 降雨量（毫米） |
|---|---|---|
| 1月 | 2.6 | 54.1 |
| 2月 | 4.5 | 54.5 |
| 3月 | 7.2 | 62.9 |
| 4月 | 10.3 | 67.8 |
| 5月 | 14.3 | 86.0 |
| 6月 | 17.9 | 76.6 |
| 7月 | 20.8 | 60.6 |
| 8月 | 20 | 76.7 |
| 9月 | 17.1 | 75.2 |
| 10月 | 12.5 | 79.5 |
| 11月 | 6.7 | 71.4 |
| 12月 | 3.2 | 59.2 |

1. © RA Tourisme
2. Raquettes autour de Chamonix Mont Blanc (74) © OT Chamonix / P. Labarbe

## 罗纳-阿尔卑斯大区特产

### 丝绸

1540年福兰斯瓦一世在里昂建立了一家工厂并开创了丝绸制造业。随着时间的推移，这项工业并没有被遗忘。相反，在罗纳河和索恩河之间的地区，丝绸工业继续充满着生命力，在这里。游客能以优惠的价格，直接从丝绸作坊买到精美的丝绸围巾和真丝面料。

法国工业革命期间，里昂的丝绸业曾经处于滞待状态，整个工业区生产都停止了，但这并不意味着丝绸制造传统已消失了。事实上，作为罗纳-阿尔卑斯的首府，里昂知道如何维持自己地位，以及如何继续发展。这个城市在保留了传统丝织技艺的同时，也把希望寄予现在年轻创作者，希望他们能从蚕茧里抽出的细丝中找到灵感。所有那些居住在里昂或是在那里短暂停留的人，都清楚哪里可以买到物美价廉的丝绸围巾和衣物。

对想要了解里昂丝绸工业的游客来说，还可去拜访一下“丝绸工人之家”，那里可以见证保存完好的丝绸工业遗迹，还可以在丝绸商店购物，很多商品都标有“纪念品”的字样。在“丝绸作坊”，你也可以找到价格在4.50欧元到230欧元之间的丝

2

1. Soie © RA Tourisme
2. Truffes de Grignan-Drome Provencale © RA Tourisme / A. Perier

绸制品：领带、手帕、披肩、雪纺绸、天鹅丝绒、丝巾等。

Ainay大街上的Tousoie专卖店，某种意义上来说它是工厂式的商店，它专门提供Doissin工厂的平纹细布和真丝塔夫绸产品。商行的女设计师，开发了一个丝绸方巾的系列收藏，价格十分合理。作为一个拥有最美丽面料的城市，里昂同时在“面料博物馆”里展示这些举世无双的面料。另外在里昂的店铺，你可以找到许多珍贵面料的制品：丝绸方巾、女用披肩和双绉围巾、斜纹和平纹细布、领带等。

对丝绸爱好者来说，每年11月，在丝绸市场上可以购买到以米计算的丝绸布料，他们均出自著名的设计者作坊，更可以买到全市最大的丝绸工厂生产的配饰，一般情况下，只有在博物馆专卖店里才有展示。

近30年来，里昂的时装界也逐日年轻化，每年都有一定数量的年轻设计师脱颖而出。在这些的先驱者中有Max Chaoul，Nicolas Fafiotte和很多刚刚从Universite de la Mode（时尚大学）毕业的青年艺术家们。

总之，里昂在这个特定的领域显示出其超乎寻常的生命力。但是在里昂丝绸声名远扬的同时，我们也不能忘记那些在La Drome（德龙省）和l'Ardeche（阿尔代什省），为里昂的丝绸作坊提供蚕丝原料工厂。当地甚至有一个词汇——“bistenclaque”，用来形容纺织工人在工作时所弄出的噪音。

**松露-寻找黑钻石**

这并不是一个好莱坞产品，但远胜于好莱坞制造。因为黑钻石在这里不是商人倒卖的对象，而是用来配炒鸡蛋或制作色拉的。这里的餐饮业主、种植者、酿酒师，以及酒店都可以在冬季的某个周末特别安排，让您扮演印第安纳·琼斯的角色，探索寻找传说中的黑钻石–松露。

到La Drome（德龙省）旅游局网站上逛一圈，你会获得许多参加松露周末之旅的建议。l'Ardeche（阿尔代什省）也不甘示弱，它利用毗邻之便，指引游客们来到其松露市场，拜访松露种植户，然后再请游客品尝围绕着松露制定菜单中的菜肴。Nymphes山谷的Le Mas Bella Cortis是提供松露周末的众多酒店之一。店主安娜和阿雷克斯会引导客人参加一个令人兴奋的旅程。节目始于周五晚上，首先品尝以松露制作的美食。例如，松露开胃菜、拌松露糊、松露饺子、松露土豆泥配鳕鱼

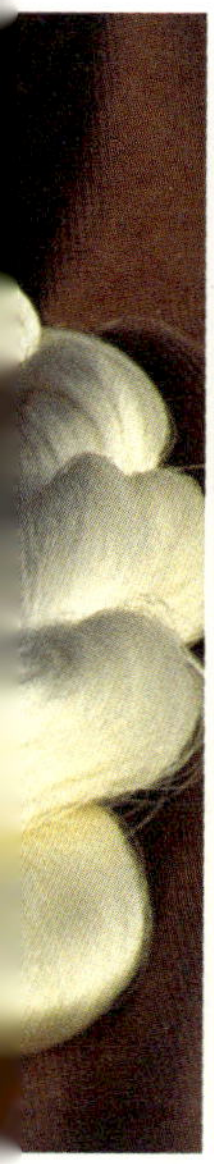

3

1

2

背、烤红酒里脊肉、黑松露虾、松露奶酪、烤炉布里黑松露干酪火锅、松露冰淇淋、松露热奶油、巧克力松露以及纯松露配Tricastin葡萄酒等等；周六上午则逛Richerenches市场（之所以谈到它，因为它是法国第一的黑松露市场）；下午来到松露种植基地，有着狗鼻子式的灵敏的种植者开发出这片土地来种植著名的黑钻石，参观黑松露之家和Saint Paul Trois Chateaux圣保罗三城堡则在下午的计划当中；晚餐的主角肯定还是松露；第二天离开的时候还能带走一本记载着品尝过的美食的菜谱。

在Domaine de Montine，游客可以品尝到Tricastin的红、白、粉红葡萄酒，以及参观它们的酒庄－罗纳河谷村庄，这些旅馆主人也是松露种植者，他们会向客人介绍培育松露的特殊技巧。接下来可以再去领略周围地区烹饪松露的餐厅，因为这个地区农户不提供现场品尝。

在Rochegude罗榭古德城堡有华丽壮观的16、17世纪重建的建筑，它被一个12世纪建造的村庄围绕着，这座城堡是在人们开始种植松露时建立的一个神圣的象征。此外还有同类型的路线：参观市场和松露菌房，品尝美食等。另外在这个地方度周末也别具一格，是名副其实的旅游胜地。

Saint Donat的Chartron酒店餐厅的松露周末之旅也十分著名，厨师长推荐的特色黑松露来自德龙山丘，也就是该地区的极北部。在Saint Donat也有一个趣味盎然的松露市场。

### 巧克力

在罗纳－阿尔卑斯大区，巧克力不止是甜点，更是艺术品，当地的巧克力师傅堪称为艺术家，用手工制作了风格独特的巧克力。在一些城市，比如里昂等，巧克力工坊就如同面包店一样平凡。在罗纳－阿尔卑斯大区，更有数位顶级巧克力大师，他们亲手烘烤的精致作品，在法国都是独一无二的！

罗纳的巧克力之所以著名，那是因为这些师傅都亲自采购原料，并将纯巧克力和其他食材，比如杏仁、水果等一起调制。这些大师为很多大品牌店铺提供货源，其中就有德隆省的Valrohna瓦勒罗纳巧克力店或Saint－Etienne圣艾蒂安的Weiss店，质量好得超乎想象。

正是因为巧克力极受欢迎，一些声名显赫的甜品店，例如Voiron瓦隆的Bonnat、Roanne若阿纳的Pralus和里昂的l'illustre Bernachon都把巧克力作为自己的招牌产品。他们也可以从可可豆的产地（加纳、厄瓜多尔、南美……）直接挑选最好的原料，并调制出最为精致的作品。手工巧克力的完整制作过程需要很多时间去解释，这里只能简单地介绍一下：首先烘烤可可豆，然后加入蔗糖、香草、可可油一起研磨搅拌，这可不是一件轻松的工作哦！无论是对器械的选择，还是对添加各种原料的数量都有很精确的规定。从事手工巧克力制作的人就是这么疯狂地热爱这份事业。所以他们的作品能如此地无与伦比！

里昂著名的巧克力大师Maurice Bernachon就是一个使用传统而复杂的方法制作巧克力的人。“其实，我是很时尚的”他笑言。而现今的复古风尚正在证明着这一点。如今他的儿子Jean Jacques与儿媳Fransoise Bocuse，以及儿子Jean Jacques的一双儿女：Philippe和Stephanie，继承了这个事业，延续着这个极负激情的巧克力世界。

在这里的特色巧克力店中，当然还包括无与伦比的金块巧克力Palet d'Or。但是里昂的巧克力制作者有一个独特的共性，就是他们并不喜欢追求具有冒险性的创造，而只是热衷于守护着这份经典的传统。也就是说他们有资格向全世界宣布：“里昂的Bernachon巧克力只有在里昂才有卖。”Roanne若阿纳的Praluline则因奶油巧克力蛋糕而美名远扬。起初这里还是一个家庭作坊，而1988年由Fransois Pralus接手，他决定重新找回一些原有的特色产品，例如les Piemontaises和les Mexicaines等等。

Voiron瓦隆的Bonnat巧克力作坊是一家始于1884年的百年老店。由Cecile和Stephane一起经营打理。瓦隆方块巧克力，蛋形巧克力和加有当地特色的察特勒兹酒(Chartreuse)的酒心巧克力都是美食家们追捧的产品。

虽然这三位杰出艺术家的巧克力闻名世界，但是如果你有机会来到这个地区，一定要去看一看其中的一家店，那种快乐只有亲身经历才能体会得到。即使没法和他们成为邻居，但是你至少要拜访一次，只需一次，就能记住这股难忘的巧克力香味！

**陶土**

从公元3世纪开始，坐落在德龙省的Cliousclat村庄的陶具就非常有名，因为当时人们发现这里的陶土非常适合用做陶瓷器具，所有的厨房里都不能缺少它们。Cliousclat的陶具已经有三个世纪的历史了，古罗马人就已经大量出口这里的陶片了，因为他们当时还达不到如此高的技术来清理陶土中的砂子，只有在Cliousclat才有如此高质量的产品。现今在很多遗迹里发现了Cliousclat生产的陶瓷碎片、瓦片和瓷砖。整个19世纪，这些传统手工艺作坊都非常著名。直到1964年当时的主管Philippe Sourdive先生去世后，才重新将这项传统工艺进行了更新改进。今天，Cliousclat陶器厂是由Nicolas et Olivier Sourdive掌管，制造的的陶瓷器品种各异，很多被用在日常生活中，例如咖啡杯和托盘、小壶和盆子等等，甚至还有可以装25升牛奶的罐子．这个作坊雇佣了十名工人，同时还拥有一个装饰中心。作坊本体建筑已经被列入文化遗产保护单位，除了这所建筑以外，从墙上的砖头，到烧器皿用的窑、洗槽、水车等等都在受保护的范围内。人们对陶瓷工艺的热爱被大大激发，如同在Sourdive陶瓷厂工作了一辈子的Pierre Beziat先生说的：我们不可能从这个工作中获得很多的财富，但是却可以在其中学到很多东西。陶瓷器的制作也能给人带来很多乐趣。

陶瓷爱好者协会1994年成立，并建立了一个陶瓷艺术博物馆，组织了古陶瓷市场以及古陶瓷展览，给广大陶瓷爱好者带来了很多的乐趣。

1. les 0Roseaux d'Annecy0, specialite chocolatiere © RA Tourisme / F. Cavazzana
2. Poteries locales-Grignan-Drome Provencale © RA Tourisme / R. Schleipman

## 罗纳省

里昂
薄酒莱

## 安省

贝胡吉
同博
布雷斯

罗纳-阿尔卑斯大区

# 北部

2

1. Lyon(69)£≠Coisiere sur le Rhone de vant la Cite Internationale © Naviginter
2. Lyon(69)-Place des Terreaux ©V.Formica / OT Lyon

# 北部 里昂

如果你讨厌里昂，那么其实你是厌倦了生活。这座法国第二大城市收藏了那么多优质的餐馆，米其林星光厨神Paul Bocuse的里昂餐馆自1961年开业，已经连续48年获得三颗米其林星。在里昂你是不用担心饿肚子的，加上里昂人也真的懂得享受生活，大街上的咖啡馆经常客满，连加龙河、罗纳河边也停靠着无数的水上酒吧，三三两两的里昂人就坐在草坪上畅饮，在塞纳河你是永远都不会看到这样恣肆的法国人的。

里昂在锋芒毕露的巴黎面前，往往显得黯然失色，但其实你问任何一个法国人关于他们对里昂的看法，包括刻薄骄傲的巴黎人，也会不断鼓励你到里昂去。很多人不抱任何期待来到里昂，发现这座城市超出了他们的想象，最后舍不得离开的人最多。

抵达里昂，马上就能感受里昂的亲民，巴黎混乱的机场以总统戴高乐命名，严肃正经也十分政治，而里昂的机场很小，显得老实，机场以《小王子》的作者圣埃克苏佩里命名，收藏拥有童趣的成人。一走出机场就看到了Calatrava Santiago设计的造

1.Lyon(69)-Panorama depuis Fourviere © JP. Galichet
2.Lyon(69)-quais de Saone © M. Perrin / OT Lyon
3.Lyon(69)-Les Nuilts de Fourviere dans le theatre gallo romain © RA Tourisme / JL. Rigaux

型怪异的高铁总站，像小王子遗留下来的帽子。不久后你就会发现这座典雅的城市并不排斥创新，正如Pual Bocuse提倡的新法餐(nouvelle cuisine)，不像传统法餐那么斤斤计较和重视表面功夫，而是采用最新鲜的食材为食客供应货真价实的菜肴，在传统的基础上求变。里昂不像也不是巴黎，那样执著于坚守其一成不变的浪漫和贵气，她踏实地呼吸，自然也让旅人更觉得轻松惬意。

这座典雅的城市并不排斥创新，所谓的创新或创意，其实并不是天马行空，而是认清楚自己的优势，在传统的基础上变革。里昂曾经是欧洲最著名的工业城市，500年来不断求上进。这里发明了缝纫机和热气球；1895年卢米埃兄弟拍摄了史上的第一部电影，从此改变了人们的娱乐习惯；也是里昂的厨师让法国美食走出困境，以创意菜式复兴了法国菜，从此这个美食之城在老饕口边垂涎；当前法国最大型的造城计划在索恩河和加龙河的交界处如火如荼地展开，名为Lyon confluence，明年建成后这个破落的仓库区将设有博物馆、公园和休闲场所等。

1.Lyon(69)-place du Change © M.Perrin / OT Lyon

时差：法国实行夏令制，每年的3月最后一个星期天凌晨2点时，将时间拨快一个小时，到10月的最后一个星期天凌晨3点时，再将时间调回。

1

巴黎当然高贵，也因此巴黎并不像里昂那么平易近人。原因在于里昂的市中心很小，而且限制交通，虽然有地铁，但居民大多采用步行和自行车就能处理日常琐事，居民之间就有更多的交流时间和空间。里昂市中心是两条河交汇而形成的半岛，800米长500米宽的市中心就挤满了广场、古典及文艺复兴时期的老建筑，其中最美的广场为Place des Terreaux，由华丽的巴洛克风格的老建筑包围着，现多为美术馆、博物馆和市政厅等，其中的里昂美术馆是巴黎以外收藏最多古典艺术作品的美术馆。广场最抢眼的莫过于一座建造于19世纪的喷泉，由21吨的铜铁制成，四匹浑然有力的神马拉着一辆战车，上面坐着英姿飒爽的女神，自信而不亢不卑的神情，正如这座城市居民的表情。这广场看似古典，然而仔细一看，地面上设有69个出水孔，是著名艺术家Daniel Buren的大型户外作品，夏日炎炎，整个广场就变成一个大喷泉，无数小孩欢快地戏水玩乐。广场背后是里昂建于18世纪的歌剧院，也是当地人气最旺的一个广场，法国顶尖建筑师Jean Nouvel重新改造了歌剧院，加设了一个全玻璃的通透穹顶，附属的咖啡馆经常有免费的演出，总是座无虚席。由广场延伸出去的几条大街，包括共和大街都是步行街，大部分的购物商店都集中于此。典雅的古城被列为世界文化遗产，但它不是封存在时间胶囊里食古不化的标本，城市规划者通过一些大胆的方案让城市有前进的动力，这些前卫的设计却也能完全融入生活空间中，一点都不觉得唐突。这座城市勇于尝试，但她也清楚任何的改变都必须经过深思熟虑，里昂的新区为国际城（Cite internationale de Lyon），远离典雅的市中心，它是为举办1996年G7峰会而建造。国际城由著名意大利建筑师伦佐·皮亚诺（Renzo Piano）设计，采用了大量的红砖和玻璃，是一组狭长的半开放式的建筑空间，集中了办公、住宅、博物馆和娱乐设施等，改善了古城办公和休闲空间不足的窘境。当前法国最大型的造城计划在索恩河和加龙河的交界处如火如荼地展开，名为Lyon confluence，明年建成后这个破落的仓库区将设有博物馆、公园和休

1.Lyon(69)-les berges du Rhone © RA Tourisme / P.Blanc
2.Lyon(69)-Fete des lumieres, cour de l Hotel de Ville © RA Tourisme / S.Maviel
3.Lyon(69)-Pont sur le Rhone © V.Formica / OT Lyon
4.Lyon(69)-Fete des lumieres quais de Saone © M.Perrin / OT Lyon

闲场所等。

由老区搭缆车登上富维埃区，就能抵达里昂著名的圣母院，教堂内外布满了各式各样的石雕，不厌其烦的铺张呈美。这里也是里昂最古老的街区，2000年前罗马人就在这里建城，现在遗留下来的几座保存完好的罗马剧院，夏天都会举办露天的音乐

国定节假日：法国人的公共假日也远远多于其他欧洲国家，让法国人有足够的时间浪漫。法国的节庆假日也多以宗教节日为主，包括复活节、耶稣升天日、圣灵降临节、圣诞节等，而国际性的节日，在法国也会放假的，如新年元旦、国际劳动节等。

很多公司都会给员工提供每年5周的带薪年假，而学校的放假时间更是多得惊人。

法国深受世界大战之苦，是一战和二战中受到创伤最大的国家之一，为了铭记历史的教训，法国于每年的5月8日、11月11日，各放一天假，用于纪念一战、二战停火协议的签订。

每年的12月8日为里昂光明节

1

2

3

4

会。罗马人真懂得选位置，由富维埃往下望，就是整座仿佛冻结在时间河流里的里昂城，这座世界文化遗产之城在夕阳余晖的照耀下，依旧是光灿动人的，灯光慢慢亮起，你似乎能听见远处传来的酒杯碰撞的声音，里昂在夜晚再度醒来，还是她从来就不曾入睡？

不能错过的景点

## 老城区

里昂最古老的城区位于索恩河的左岸，由一条条迷宫式的中世纪街道组成，同样布满了中世纪的老教堂和房子，橙红色调鲜艳醒目。沿着狭窄的街巷信步走去，几百年前的建筑物和一带凝重的空气混合起来，令人感受到浓厚的古老气氛，仿佛置身于中世纪。许多哥特式、文艺复兴式及古典式的房屋彼此相连，使人感到时代变迁下，里昂久远的历史传统。

1

2

3

这一区的楼房和街道之间设有秘密通道，识途老马能推开小门，穿过这些建筑里的曲折小径通往另一条街。这些名为Traboules的通道是里昂独有的神秘空间，整座城市共有315条traboules能通往230条街道，总长50公里，大部分建造于19世纪，那是里昂纺织业的黄金岁月。这些秘密通道让工人在雨天时也能运输丝绸原料。在Traboules里迷路，由一条街穿过楼房的中庭走到另外一条街，是里昂最独特的城市体验。或许出身于里昂的圣埃克苏佩里也曾经在Traboules中迷路，才会借小王子的口中说出：真正的东西是肉眼看不见的。

1.Vieux Lyon(69)-Place de la Trinite © M. Pierre / OT Lyon
2.Vieux Lyon(69)-Maison des Avocats © RA Tourisme / C.Delpal
3.Lyon(69)-les pentes de la Croix-Rousse © M. Pierre / OT Lyon
4.Vieux Lyon(69)-Escalier © M. Pierre / OT Lyon

4

# 不能错过的景点

## 白莱果广场

位于市中心的巨型白莱果广场(place bellecour)，是当地人喜欢聚集的场所，一座高大的路易十四的威武骑马雕像是广场最显眼的地标，白莱果广场的地面全部由红土铺成，给人留下深刻的印象。白莱果广场曾是19世纪中期里昂纺织工人

里昂的地铁很新也很现代化，站内标识清楚。地铁、电车站只有机器售票，很容易操作，但只收硬币，所以请准备好零钱。车内自动报站名，地铁十分频密。值得注意的是，站台比较狭窄，多数站两个相反方向的车要从不同的地铁口进入。须在地面的入口处看清楚，当然错了也无妨，即使单票有一小时的有效期，出来再重新找另一个入口。网站：www.tcl.fr

暴动的重要舞台。广场周围尽是19世纪初建造的四五层楼房，花店、咖啡座、餐馆林立，是市民的最佳休憩场所。广场东南面坐落着装饰艺术博物馆(musee des arts de coratifs)，藏品种类繁多，相当精彩。

1.Lyon(69)-Biennale de la danse, le defile © RA Tourisme / F.Mainard
2.Lyon(69)-Les Berges du Rhone © RA Tourisme / M.Rougy
3.Lyon(69)-Fete des lumieres, eglise St-Nizier © V.Formica / OT Lyon

# 不能错过的景点

## 富维埃山丘

抬头遥望大教堂西边的富维埃山丘，那里高耸着一座被视为里昂的标志的圣母院(basilique notre- dame)，可利用登山缆车抵达，或沿陡峭斜坡步行上山。这座教堂建于19世纪，外观由拜占庭和中世纪风格融合而成，以大理石装饰，玻璃闪

1.Lyon(69)-Basilique Fourniere © V. Formica / OT Lyon
2.Lyon(69)-Toit de la Basilique Fourniere © V. Formica / OT Lyon
3.Lyon(69)-Panorama depuis Fourviere © JP. Galichet

中国联通和中国移动支持法国国际漫游，但收费比较贵，每分钟在14到20元之间，仅发短消息的费用都在1.85到2.54元之间。也可以到小杂货店里购买国际IP电话卡，

耀着五彩斑斓的花纹，内有精美的镶嵌画和壁画。右边相连的圣母礼拜堂塔顶上，马利亚塑像亭亭玉立，在阳光下金光闪闪。站在教堂左侧的平台上，可俯瞰里昂景色，那一望无际的红瓦屋顶，恰似一片红色海洋，令人难忘。

2

3

## 不能错过的景点

### 里昂中法大学

成立于1921年的中法大学就在宁静的里昂圣·伊雷内堡内，目前这里还是一所大学，校区内十分宁静，绿意盎然，很难想象在中国当代历史上风光显赫的人物曾经在这里接受教育。目前里昂政府保留了中法大学的原址，并将其中一些房间辟为展览

馆，展示了当时成就杰出的中国留学生的生平事迹，蔡元培曾任校长，周恩来、邓小平、陈毅、潘玉良等都曾在此学习。第一批127名中国留学生于1921年9月25日抵达里昂。学生人数在1936年之前一直处于稳定的水平，后因国际局势的变动，学校的招生工作也逐步停顿，1946年录取了最后一批学生，而后学校终止运作，1946年该大学停办。在里昂中法大学25年的历史中，官方登记在册的共计有473名学生。

不能错过的景点

## 里昂的博物馆

里昂有着众多举世无双的博物馆。这些博物馆向人们展示了里昂作为经济文化交流重镇，文人艺术家集中之地和各界人士穿梭往来必经之路的悠久历史。从高卢罗马文明的遗迹到丝织工业的兴起，从电影艺术的发明到二次世界大战中法国和里昂地区轰轰烈烈的抵抗运动，历史的记忆被封存在这些美轮美奂的建筑中，而它们本身其实就是里昂历史的见证。

**里昂美术博物馆**，Musee des Beaux Arts de Lyon

里昂的装饰艺术博物馆非常特别，改建自十八世纪贵族的宅邸。馆中陈列着17－18世纪的家具、装饰品、陶瓷以及精致的手表、珠宝和时钟等，其中包括大量的装饰性青铜像，以及一个有着双重键盘的大键琴。此外还收藏有各种精美的壁毯。

**高卢罗马文化博物馆**，Musee Gallo-romain de Lyon-Fourviere

圣母院南边不远，便是高卢 —— 罗马文化博物馆（musee de la civilisation gallo-romaine），博物馆倚山势而建，极具创造力，充满巧思的设计。入口处设在五楼，每经一朝代，便下一层楼。一路蜿蜒下来，便走过了历史的长河。镇馆之宝是1528年发现的克劳狄青铜板，上面铭刻着罗马皇帝克劳狄一世公元48年在元老院的演说。还可以欣赏到许多艺术品，例如战车车轮或青铜海神塑像。从窗户望出去是两座罗马露天剧场，恰似中国园林的借景手法，使人恍如置身于罗马时代。两千年前的里昂即以这一大一小两座剧场为中心，周围有城墙围绕，是一座山丘上的都市。气吞山河的凯撒大帝就是以这里作为征服高卢的基地。现在附近街道已无当时的景况，只能在罗马剧场遗迹上缅怀过去的光荣。

里昂当地旅游局也推出一种城市观光卡，分为1天(19欧)/2天(29欧)/3天(39欧)三种,4-18岁可以半价购买，此票能乘坐所有的公交，并免费参观里昂所有的博物馆。还包括一次游客中心组织的导游或语音导游服务，一次游船观光（4-10月）等，十分划算，游客能在游客中心买到城市观光卡，另外凭此卡，乘坐双层游览大巴，能有10%-50%的优惠。具体可以查阅网址：www.lyon-france.com。

**其他博物馆**

丝织品及装饰艺术博物馆：Musees des Tissus et des Arts Decoratifs

电影博物馆：Institut Lumiere, musee vivant du cinema

印刷博物馆：Musee de l'Imprimerie

现代艺术博物馆：Musee d'Art Contemporain

里昂博物馆：Musee Gadagne, histoire de Lyon et marionnettes du monde

国际微缩电影艺术博物馆：Musee des Miniatures et decors de cinema

当代丝织业协会：Association Soierie Vivante

丝织工人之家：Maison des Canuts

亨利马拉特汽车博物馆：Musée Henri Malartre

## 购物

半岛区的中心步行街集中了很多商场及品牌店，在雅克宾广场附近，百乐谷广场和共和国广场一带，形成了一个被称为“金方块”的黄金购物街区，那里集中了最著名的国际高档品牌专卖店，如路易威登（LV）、迪奥（Dior）、卡地亚（Cartier）、爱玛仕（Hermes）、高田贤三（Kenzo）等。另外，这里还有不少里昂本地设计大师创建的品牌，如Fafiotte，Azuleros，Chaize等。

法国名店“巴黎春天百货”则和世界名牌商店

法国大多数的消费品都会被附加上19.6%的消费附加税(TVA)，对于日常消费的食品，治病(非保健)用的药品和书刊类政府所追加的消费附加税比较低，为5.5%。一般来说，您所购买的商品或服务的标示价格都已包含了消费附加税，特别是对于价格上标明了TTC (toute charges comprises包含所有附加费用)的商品或服务，则明确表明了此价格包含一切其他附加费用。

比肩而立。而在红十字街区，这一带聚集了不少有趣的艺术家，也集中了一批时装设计界的青年才俊及其品牌商店。

另一购物天堂则是在火车站对面的购物中心：Le Centre Commercial Part Dieu，上百家品牌聚集在这里，其中有很多年轻人喜好的品牌，如ZARA、H&M。您也可以在这里找到法国最著名的百货公司：老佛爷百货。

交通

## 里昂国际机场

里昂机场以法国作家及飞行家Antoine de Saint-Exupery而命名。Saint Exupery飞机场距里昂市中心25公里，是罗纳－阿尔卑斯区的重要交通枢纽。得益于优越的地理位置，齐全优质的服务设施，里昂国际机场吸引了数家国内外航空公司在这里运营。里昂国际机场每年接待旅客700万人，每周有多个定期航班从这里飞往法国其他大城市和世界各地。国内并没有航班直达里昂，必须在巴黎转机，或搭乘高铁往里昂，车程约两个小时，车费约60欧元。

机场大巴（SATOBUS）

机场巴士每天往返于里昂市中心和里昂国际机场之间，大约每20分钟一趟。

另外，根据需求，机场大巴还会开通安纳西、日内瓦、格勒诺贝尔等的直达线路。

里昂国际机场网址：www.satobus.com

全日票地铁、电车、汽车通用，如果你在里昂需要一天需要多次搭乘公共交通，全日票是性价比最高的。另外，你也可以买10张票（28,86 欧）如果几人同行或呆的天数长一点，就十分划算了。

## 火车

在里昂市中心有两个大型火车站：Part-Dieu和Perrache 以及Saint Exup é ry飞机场的高速铁路火车站，使里昂成为欧洲的重要交通枢纽之一。乘坐高速火车（TGV），您可以快速到达：巴黎（2小时的旅程），每30分钟就有一趟从里昂开往巴黎的高速火车；马赛（Marseille 1小时40分钟）；每天有21趟火车往返里尔（Lille，3小时的旅程）；伦敦（5小时的旅程，乘坐欧洲之星）；火车同时也会在布鲁塞尔(Bruxelles)，安纳西(Annecy)等城市停站，有关详情，请查询：www.voyages-sncf.com 。

## 长途汽车

里昂，作为罗纳－阿尔卑斯区的省会，地处大区的中心。在这里，您可以乘坐长途汽车，快速地到达阿尔卑斯地区甚至法国周边的任何一个城市。到日内瓦（Geneve，1小时30分钟）；克莱蒙（Clermont-Ferrand，2小时）；马赛（Marseille，3小时）；巴黎（4小时）；巴塞罗那（6小时）。有关里昂长途汽车及交通信息请致电：33（0）4 78 54 33 33 ，或查询：www.multitud.org。

## 市内交通

里昂市内就A/B/C/D四条地铁和T1/T2/T3三条有轨电车（TRAMWAY）、C3/C1两条电车外加公共汽车。

票价分为：

Ticket a l'unite － 1,60欧元（单票，一个小时内有效）

Ticket Liberte 2 heures － 2,20欧元（单票，两个小时内有效）

Carnets de 10 tickets － 12,80欧元（10张单票，每张一个小时内有效）

Ticket Liberte 1 jour － 4,40欧元（全日票）

## 住宿

您不仅可以选择里昂的国际著名酒店，也可以下榻于其他各具特色的独立型酒店。入住家庭式酒店，享受法式温馨的家居式服务也是一种明智之选。不同情调的房间也是里昂酒店的特色之一：无论您偏爱古典主义风格，还是喜好传统氛围，亦或是中意现代格调，在里昂您都会找到为您量身订制的客房。安静舒适与热情接待是里昂宾馆的服务准则。

里昂市内各星级的住宿选择都不缺，建议您住在市中心，方便观光。

巴黎酒店(Hotel de Paris)，价格在60欧元左右，位于市中心一栋19世纪的老房子里，内部装潢富有70年代的复古感。

Hotel de Paris
地址：16 Rue La Platiere
网站：www.hotelparis-lyon.com

1. Lyon(69)-Hotel-restaurant la Cour des Loges © RA Tourisme / R.Schleipman
2.Lyon(69)-rue Merciere © M. Perrin / OT Lyon

## 餐馆

餐厅-多少个世纪以来，美食艺术一直与里昂人崇尚的生活艺术水乳交融。它别具一格的美食文化，令全球的美食家们慕名而来。在这个有“世界美食之都”之称的国际大都市里，您不但可以品尝到里昂当地的特色小吃，也能享受到来自五大洲的经典美食，品味其中蕴含的异国情调。

## 夜生活

里昂的夜生活也同样丰富多彩，200多处娱乐场所，让您领略到里昂的现代与活力。无论是在老城区， 还是在索恩河沿岸、半岛地带、红十字区，或是在其他一些街区， 都分布着一些情调各异的娱乐休闲场所这些场所，经常组织举办一些文化艺术活动、生日晚会、主题晚会、艺术展览或音乐会，令里昂城的夜生活变得色彩斑斓。

College hotel则是当地的时尚设计酒店，价格在140欧元左右，设计简约温馨，采用了不少白色，整个酒店以学校为主题，用早餐的地方就称为Breakfast classroom。

College hotel

地址：5 Place st paul

网站：www.college-hotel.com

1

当然不应该错过厨神Paul Bocuse在里昂的餐厅，共有7家，大多位于市中心，十分方便。最著名的老店l'Auberge du Pont de Collonges位于里昂的北部，人均消费加酒水饮料为150欧元。

地址：40 Rue de la Plage－69660 Collonges au Mont d'Or

电话：(33) 04 72 42 90 90

2

法国一般餐馆的营业时间是在正午12时至下午14:30，而晚上则为：19:00－23:00。其他时间则可到Cafe或Brasserie等咖啡茶座也可到Creperie薄饼店。大部分餐馆都在门口张贴了当日的菜单及价钱。而午饭时大多有 Plat de jour（今日推荐菜单），价钱较为便宜。菜单一般是按下列顺序写的：Entree正餐前的头道菜，通常有汤或色拉等；Poissons鱼类；Viandes肉类；Legumes蔬菜类；Dessert甜品。不必每样都吃。

名菜多不胜数，包括鹅肝酱、海鲜、蜗牛、芝士等等。在法国吃东西花费并不很昂贵，菜单里有许多固定价格在10欧元以下的简单可口的食物。稍微多花一点钱就能有更多的菜可选。一旦超过20欧元就能得到美食家的满足，有许多的不同国家的餐厅可选。有北非，南非，中国，日本，越南，希腊，还有更多的。素食餐厅的数量在增长，印度人，犹太人，意大利人的餐厅是提供素食菜的好地方。
几乎所有餐厅都已将税及15%的服务费包括在价格内，若某间餐厅的食物或服务特别好，一般客人会多付1－1.5欧元。

# 北部 薄酒莱

1.Beaujolais(69)-Vignoble de Montmelas-St-Sorlin © RA Tourisme / P.Fournier
2.Grappe de raison-Beaujolais(69) © RA Tourisme / JB Laissard

距离里昂西北50公里的薄酒莱（Beaujolais）遍布着河流、草地和山峰，一派的田园牧歌。这一地区以葡萄酒酒庄和葡萄园而举世闻名，对爱酒人士来说更是不容错过，特别是薄酒莱新酒（Beaujolais Primeur或Beaujolais Nouveau）更是以压倒性的产量抢占全球市场。

薄酒莱葡萄酒的特色在于它是法国境内唯一采用嘉美葡萄(Gamay)酿制的，而且酿制期会控制在短短六个星期后就上市，因此薄酒莱的葡萄酒丹宁含量少，口感也比较清新，果味重，年轻而富有活

来到薄酒莱，自然是要参观酒庄，薄酒莱地区有不少的小镇，其中Villefranche-en-Beaujolais,自1514年就成为当地著名的商贸中心，也是参观薄酒莱地区最重要的落脚地。另外博热的游客中心也能获得不少酒窖和当地特色家庭旅店的信息。
每年11月的第三个星期四为薄酒莱新酒夜，当年的薄酒莱酒就在这一天的晚上12点开始允许对外销售，整个薄酒莱地区在这一天晚上是不眠的节庆之夜。

1

2

力，入口顺滑。由于薄酒莱新酒的保质期很短，一般人都选择在每年的11月份到该区游览，品尝新上市的薄酒莱的葡萄酒。

薄酒莱新酒（Beaujolais Nouveau）来自法国勃艮第地区南边的Beaujolais产区，Nouveau是“新的”或是“新制成的”意思，而“Beaujolais Nouveau”就是指薄酒莱区以当年采收的葡萄新酿的酒。一般葡萄酒均需要经过一段时间的酝酿与陈年，才能上市销售，而Beaujolais Nouveau则是法国各法定产区中，少数被公认拥有早饮特质的葡萄酒。一般而言薄酒莱新酒的适饮温度约为10℃－14℃，稍低的温度，比较能体会出新酒的完整香气与清新口感。薄酒莱新酒绝对要趁鲜品尝，开瓶后不必醒酒，可立即饮用，最好在三天内喝完，以免因与空气接触影响酒质，口感打折；而新酒也有等级之分，Beaujolais Villages Nouveau比Beaujolais Nouveau高一级，因此价位较高。另外，不设更高级的Beaujolais Crus Nouveau。

1

骑越野自行车：就算不喝葡萄酒，薄酒莱也是一个十分合适骑自行车的地方，薄酒莱地势平缓，风光明媚，骑着自行车更能感受到当地缓慢的生活节奏。

1.Beaujolais(69)-Jarnious, village de pierres dorees © RA Tourisme / D.Brandelet
2.VTT dans le Beaujolais (69) © RA Tourisme / D.Brandelet
3.Vignoble du Beaujolais (69) © RA Tourisme / JB. Laissard

纯粹商业理由，大概从20世纪70年代末期开始，薄酒莱新酒演变成一种流行或时髦，对于葡萄酒的爱好者而言，可说是一年一度的葡萄酒节庆，该日大家于餐厅或酒坊内等待，希望能够拔得头筹，抢先品鲜，就像等待圣诞节的来临。

“一年只有一次机会，这次错过就得等到明年。”这样的口号的确深深吸引了消费者，很多人想尽办法要在11月的第三个星期四弄瓶最新鲜的薄酒莱新酒喝喝。当这一天的午夜钟声响起，全法和世界各地的人都会以不同的形式来欢迎这一年的薄酒莱新酒上市，在该地区的博热(Beaujeu)，也会举办街头畅饮活动，人人都能品尝到免费的薄酒莱新酒。

# 北部 贝胡吉

1.Perouges, village medieval-Dombes (01) © Region Urbaine de Lyon

贝胡吉是法国最漂亮的镇之一，古镇环绕着山丘，村落被老城墙包围着，走入小镇的城门，一路都是鹅卵石地，宛若一条条通往中世纪的红地毯，每一个转角都能轻易地遇见风景。

贝胡吉位于里昂东北34公里，到里昂旅游时，沿布尔安布雷斯（Bourg En Bress）方向开车约一小时，就可以抵达这个在法国境内被誉为保存得最完好的中世纪小镇，在镇里闲逛游荡，最能感受法式小镇的悠闲气息。

在政府监督及经费支持下，加上镇上的居民极度重视祖先们留下的建筑和文化传统，村里的主要古迹和建筑都得以保存下来，周围充满乡村田野景致，小镇下坡处的草原颜色随着季节转换而变更，总有一群群毛茸茸的绵羊在悠闲地吃草打盹，提醒居民和游客，它们才是草原的主人。

在14－15世纪间，贝胡吉主要住着工匠，他们从事农业和亚麻编织。当时小镇以纺织品及葡萄酒业而享负盛名。直至18世纪末，贝胡吉的纺织业仍然十分蓬勃，但踏入19世纪，道路和铁路出现后，居民渐渐往山下和各处更方便的城镇移居，贝胡吉的人口一度从1500人急降至90人，至20世纪初，居住的人数跌至只剩下8人，镇里满是中世纪时建成的空房子，荒凉得如被世人遗弃、遗忘。

这个曾经被世人忘记了的小城，虽然铺满了时间的尘埃，但却成为最有效的防腐剂，令镇里的房屋面貌被凝住，抵住了岁月的冲刷而没有走样，直至1911年，镇里开始把房屋修复及保存，其后成为保育委员会，把小镇回复成中世纪时期最标致的样貌，吸引无数追寻思古幽情的有心人到访，成为法国一个最优雅而闲适的旅游景点。

根据1991年的人口普查，目前贝胡吉有856名居民，其中85人居于城内，这里当然没有主题乐园，也不会有现代化的商场或名店让“败家”(buyer)血拼，但这里的每步路、每个弯都带有历史陈迹，每一颗小石子，每一道墙壁，都收藏着数百年历史的段段故事。小镇的街道是名副其实的小，宽只容得下两个成年人并排通过，街道中心有一条由卵石铺成的沟渠，用作排走雨水之用。在繁盛的中世纪年代，城里住了不少名媛淑女，她外出时都会着长裙，为免沾到渠中雨水或路中污垢，需要提起裙子及踮着脚尖，靠着墙边走路，遂形成一种独特礼仪。就是如此，这里的所有事物都蕴藏着一个典故，要有一颗宁静的心，才能听到岁月的呓语。

贝胡吉就像历史洪流中冲不走的顽石，那种坚定不移的静默意识，体现在所有细节中。是的，这里就只有一双手指都数得完的几家店铺，都是居民经营的小店，买卖时动作总是从容不迫，就是嘛，中世纪的城镇与大城市的高速效率相距了几百年，干吗要去追赶？这里最能体现真正的慢活，中午前后开始有游客到来，小店开门迎客了，当太阳差不多下山，游人散去，店的主人收拾好一切，把门关上后，就开车回山上的家或山下的古镇，城里只在白天稍有人气，夜间剩下小部分居民留下，灯火稀疏，回复到数百年前城市黑夜后的阴森感觉。

Je ne te
que l'heure

1.Perouges, village medieval-Dombes (01) © Region Urbaine de Lyon

每年六月的第一个周日就是贝胡吉中世纪节(Grande Fete Medievale de Perouges)，小镇货真价实地回到500年前，所有居民都会穿上中世纪的服装，餐厅提供的是中世纪餐饮，耳朵听到的是中世纪乐章，街上表演的是中世纪舞蹈，还会重现祖先的祖先的射箭和游戏方式，令人以为误闯进了时光隧道，返回了古代的法国。

贝胡吉的商店不会以高科技或豪华装饰作卖点，最重要是融入四周的景致。每条巷弄都有手工艺小店，静待有心人拜访。更多人会慕名去吃这里的名产：贝胡吉甜脆饼(galettes de Perouges)。小店的主人是一位法国大妈，一身中世纪的传统打扮，总是笑容满面招呼客人，售卖的是类似蛋挞的饼食，以奶油、蛋、面粉加柠檬皮制成薄面皮，洒上糖后高温烤成的薄饼，带有甜美的蛋香，最好是热腾腾的时候干掉。

小镇中心的广场在中世纪时是市集交易场所及社交地点，其中一座建筑物的墙上还有中世纪的日晷仪，那是会笑的太阳图案，一支箭杆插在鼻子位置，由影子移动的刻度去告诉现在是什么时候，当然没有现代手上的腕表那么准确，但在那个年代，谁需要争分夺秒去赶时间呢？当游客为了赶飞机、赶车或赶船而来去匆匆，也许中世纪的灵魂正在取笑现代人的庸碌呢。

有些旅游地点是为旅客而建，有些则是旅客被其盛名吸引而来，贝胡吉的直径约200米的椭圆形小镇，面积较主题公园还要小，但它的名气却很大，旅游书总爱形容这里“一到假期就人山人海”；小镇除了吸引游客来访，美国前总统克林顿在任时就曾到过小镇；这里亦是拍摄婚纱照的热门地点，一对新人在小教堂举行婚礼，除了眼前的亲友送上祝福，这里数百年来的历史风流，也见证两人的结合；小镇是浑然天成的法国古装片场景，法国19世纪浪漫主义作家大仲马名著《三个火枪手》(Les Trois Mousquetaires)被翻拍成电影时，就在贝胡吉取景，其他电影如《二十年后》 (Vingt ans apres)和《樊尚先生》(Monsieur Vincent)，亦是在镇里拍摄。

# 北部 同博

想象一下，成千上万的镜子摊在大地上，映照出来的是何种光景吗？若想看看那种奇景，一定要到同博(La Dombes)。同博距离里昂西北约11公里，驾车的话，数十分钟就能到达，更多法国人是骑单车来到此地，感受山水共和的自然气息。

同博曾经被湖水覆盖，当地农民花了600年时间才从水地开发出来，目前区内约有一万公顷的面积有水，被分成约千个池塘，这里亦是候鸟飞越欧洲时的交汇点，所以经常有过各珍贵鸟类停留。同博以青蛙、鲤鱼和肥鹅闻名法国，池塘的水域既相隔又相连，即每逢捕鱼时，这边的池水就会把水排到另一边，然后再抽回来，灵活地运用大自然赐予的资源。池水在不同时分、不同季节就有了不同相

1.Etang de la Dombes (01) © RA Tourisme / A.Perier
2.Villars-les-Dombes, Parc des oiseaux-Dombes(01) © Region Urbaine de Lyon
3.Villars-les-Dombes, Parc des oiseaux-Dombes(01) © Region Urbaine de Lyon

推介景点：
鸟类公园 (Parc des Oiseaux)
电话：04 74980554
网址：http://www.parcdesoiseaux.com/
票价：按季节而定，约7.5至11欧元，
开放时间：早上10时至黄昏
特色：可以看到本地及外来鸟类。

貌，永恒的芦苇与青草在岸边构成了迷人的倒影，池面与天空互相辉映，像把整个天空变成令人眩目的万花筒，天上的碎片倏地散落人间。

这里池塘的水平高度相若，所以这里的视野特别辽阔，池塘间有草原和农地，在池边散步就是最佳节目，一步步地用双脚感受法国的田园风情，看着天空的蓝色调子不断变化，微风吹皱了一池春水，树木轻摇间奏出沙沙的交响乐，不知不觉就到了黄昏，夕阳的色彩肆无忌惮地由眼底入侵脑海，什么也没有做的午后，像看了一场精彩的彩色电影。游人总是不期然地埋怨颜色变得太快了，只因湖面的折射令光影变化的速度好像加快了两倍，到回过神来，天色已开始变暗了。

1

2

3

# 北部 布雷斯

圆满的旅程应该是色香味俱全，吃是旅行的过程抑或目的。法国是拥有深厚历史、讲究精致饮食文化的民族，法国餐饮是高贵优雅的代名词，境内的米其林星级餐厅在世界上更是首屈一指，一直是老饕趋之若鹜的国家。

爱吃的游客一定要认识布雷斯(Bresse)，这是法国东部的自然区，在远古时原本淹没在大湖里，所以这里的平原土质肥沃而湿润，放眼满是青草平原，田里的蚯蚓小虫和青蛙也特别多，最适宜放牧和农耕。

布雷斯以盛产家禽和乳酪闻名全球，最著名的特产就是布雷斯鸡(Poulet de Bresse)，鲜红色鸡冠、雪白羽毛、蓝色的脚爪，红白蓝恰好是法国国旗的颜色，故被称为“国鸡”。布雷斯鸡形态极其优美，由于区内的地区缺乏石灰质，家禽因难以补充钙质而骨头细软，内质很鲜嫩，而鸡脚更变成了蓝色。

布雷斯鸡被公认全世界最好吃的鸡，早于公元1世纪时，来自欧洲南方的安达卢西亚种的鸡与布雷斯的本地鸡杂交，成为布雷斯鸡的祖先。1962年12月23日，法国的Hon侯爵发起布雷斯鸡竞赛，令这种鸡名扬全国，比赛中最好的两只鸡送给拿破仑三世享用。布雷斯鸡的鸡胸脂肪均匀，肉质嫩滑而味道香浓，亦深得皇室钟爱。

法国人极讲究血统是否统正，在20世纪的60年代，曾经有人把布雷斯鸡与英国的大种鸡Cornish配对加以“改良”和“混种”，一度得到当局的专有证书。其后法国家禽专家寻根究底，坚持要培养最接近纯种的布雷斯鸡，把杂乱的基因尽力剔除，最终保住鸡的血统，正式为鸡作出了品种确认和规范。布雷斯鸡是法国首种，也是唯一的法定产区等级(AOC，Appelation d'Origine Controlee)的鸡，每年产量仅150万只，早就是全球老饕口耳相传的超级美食。

1.Hotel-restaurant Georges Blanc a Vonnas£≠Bresse (01) © Region Urbaine de Lyon

1

1

在法国，特产的布雷斯鸡左脚上都带着一个铝制的脚环，上面刻上饲养者的姓名和地址，作为品质的保证。每只布雷斯鸡都是农家精心培育，饲料主要是玉米粉和奶粉，是米其林菜谱上其中一款名贵食材，身价不菲，一般法国家庭也只在每年一度的大节日，才舍得花费食用。

国宝级的鸡，当然生长于国宝级的环境。不是所有生于布雷斯地区饲养的鸡都能称得上是布雷斯，需要得到当局发出的证书，必须符合严格的规

1.Galette Bressanne, specialite de la Bresse (01) © RA Tourisme / A. Perier
2.Bourg-en-Bresse (01)-Eglise gothique de Brou ( classee M.H.) © Region Urbaine de Lyon
3.Ferme / musee de la Foret a St-Trivier-de-Courtes-Bresse(01) (classee MH) © RA Tourisme / A. Perier
4.Bourg-en-Bresse(01)£≠centre ancien © RA Tourisme / S.Maviel

2

3

4

定，饲养小鸡时，鸡舍内不能混养不同或不同年龄的品种，每次不能多于500只，场内要有保温设备，每10只小鸡的活动空间不能少于1平方米，成长至5周大，就要进行草地放养，在草地上自由自在地成长。

每个鸡舍必需有5000平方米的草地让少于500只鸡走动，而该批鸡成长出售后，鸡舍要有足够的地，以便让草地复元，才能再饲养另一批鸡，而草地每年最多只能放养两批鸡。到了晚上，鸡会被赶回鸡舍过夜，至明天再被放出来。这样的生活最少要有9周以上。待鸡长到一定程度，才分批关进鸡笼喂食，进行增肥后才会推出市面发售。在市场上发售的鸡，一般会把鸡身紧紧地包裹起来，部分则保留未脱毛的鸡头。以这种方法把鸡存封，除了可以减少鸡肉与空气接触，亦令脂肪浸入鸡肉，令肉质更鲜嫩，保质期亦更长。

RhôneAlpes
rhonealpes-tourisme.com

## 德龙省

罗纳河谷
罗芒
奥特瑞夫
格里尼昂
尼翁
旭兹拉汝斯

## 阿尔代什省

阿尔代什峡谷
特色小镇

罗纳-阿尔卑斯大区

# 南部

1. Vignoble de St-Peray, Cru des Cotes du Rhone -Ardeche Verte © RA Tourisme / C.Martelet

# 南部 罗纳河谷

富饶的罗纳河（Cotes du Rhone）曾经是欧洲最主要的水上交通要道，特别是由里昂到蒙特利马尔（Montelimar）这一段水路，流经罗纳-阿尔卑斯大区的德龙省和阿尔代什省，沿岸更是聚集了不少沧桑而精致的历史名城，在河谷的周围则散落着一个个漂亮小镇和一亩亩的葡萄园。夏天，小镇和小镇之间是一片片的薰衣草田和太阳花田，斑斓亮眼，抬头看天，总是一片宁静湛蓝，身边则是青山绿水，如果法国有一个地方盛产美景，那必然是

Diois (26)-VTT entre vignes et lavande © RA Tourisme / P.Smit

**最佳旅游季节**

看薰衣草的季节一般为每年的6月中旬至7月底之间，同时也是欣赏向日葵的好时机。

这里。

罗纳－阿尔卑斯大区拥有比一般游客想象中还要丰富的旅游资源，但大部分游客还是选择往阿尔卑斯山的方向走，罗纳南部的德龙省和阿尔代什省是当地收藏得最好的秘密，风光明媚却又乐得宁静之地。车子离开里昂，越往南走，阳光更灿烂，色彩更强烈，正值薰衣草的花季，微微起伏的丘陵铺满了一片又一片沁人心脾的紫，打开窗就能嗅到法国南部的清香，一派普罗旺斯式的风景，不少人以为只有普罗旺斯才能看见大片的薰衣草田，但其实法国人早已经将普罗旺斯拱手让给了脖子上挂满了笨重相机的游客，自己则守着这个秘密，留给自家享用。大区的南部阳光更为充沛，在一片片的薰衣草和向日葵的地盘之间，由一个个宁静的小镇串联起来，几乎每座小镇都有个孤傲的城堡守候着。

Randonnee dans les champs de lavande du Diois (26)
© RA Tourisme / P.Smit

由于德龙省和阿尔代什省享有和地中海一样的温润气候，所以此处也适合种植薰衣草。除了作为商业用途之外，当地旅游局将薰衣草田、小镇等设计成一条薰衣草之路，让游客能通过各种形式近距离来认识薰衣草，当然在紫色的海洋中留下你的倩影，那将会是此行最动人的回忆。每年7月份，就有大量的游人专门为薰衣草而来到这里。

不少薰衣草蒸馏厂就散落于各个小镇，这些工厂规模都很小，当地人经常拿着刚刚收割好的薰衣草及各种香草到工厂制造精油，大部分都是家庭式的小型作业，自产自销，当地农民都能免费使用此项服务，这对推动当地的中小型产业十分有利。

**薰衣草博物馆**
地址：07700 Saint Remeze
电话：0475043726
http://www.ardechelavandes.com/

当地也有不少商店售卖薰衣草产品，由于自产自销，价格往往比城市店铺便宜许多，备受欢迎的包括薰衣草精油、润肤露等等美容产品。阿尔代什省也设有薰衣草博物馆，通过录像和实物等展示了该地种植薰衣草的历史，博物馆的主人是一个风趣的老头，已经年过七旬，但依旧老当益壮，为我们讲解各种蒸馏薰衣草精油的过程和方法，讲解生动活泼，可能是日夜对着如斯美景。过着慢节奏的田园生活，加上薰衣草的芬芳，让他更显得年轻。

生长于法国南部的薰衣草共有三大类，分别为原生薰衣草、长穗薰衣草和以上两大类别混种而成的混种薰衣草，现在法国南部境内大多种植混种薰衣草。原生薰衣草的叶子较细、花穗较短，品质最佳，多被用来制造高级香水及香料。薰衣草的花会分泌大量的花蜜，这些花蜜可生产高品质的蜂蜜，把干了的花蜜封在袋子内便可做成香包；将香包放在衣柜内，可以使衣服带有清香，并且具有防蛀功用。

Pilat Rhodanien (69)-Vignoble des Cotes du Rhone septentrionales ©www.vienne-tourisme.com

# 南部 罗芒

制鞋业一直是法国引以为傲的工业，法兰西皮鞋除了是手工精细及有品质保证外，更是品位与时尚的代名词，而罗芒曾经是法国著名的鞋都之一。这个小镇位于法国南部，宁静平缓的伊泽尔河穿过城市中心，整个小镇宛若睡美人一样宁静安详，拥有千年历史的古镇见过无数历史的变革，16世纪各宗教之间的战争也殃及罗芒，但建筑物至今依旧保留完好，是德龙省最漂亮的城镇之一。

罗芒由市中心的一栋教堂慢慢发展起来，镇中心就有不少有趣的老建筑。杰曲马特楼（The Jacquemart tower）和其时钟自12世纪就矗立于其中一个老城门边上，进入城门就是中世纪风格迷宫一样的羊肠小道，Rue de l’armillerie由一栋栋漂亮的文艺复兴风格的老房子组成，古味盎然。不远处的Place Maurice Faure依旧是热闹的露天市集，每逢星期二、星期五和星期日，当地的农民都会到这里来摆摊卖他们新鲜的农产品。

这个广场依旧保留了16世纪的风貌，周围的楼房则曾经是公务员和商人们的住所。罗芒自15世纪以来就是鞋都，其后更开始发展纺织业，人口剧增。直至1850年，罗芒的制鞋业已经闻名全法国，主要制造高价品牌的鞋子。1921年，全镇有6000人受聘于制鞋业，虽然20世纪30年代的经济大萧条和80年代的经济衰退大大影响了当地的制鞋业，但是一些老字号依旧生产高品质的手工鞋。

无论电影抑或现实情节，鞋子的确是令人发飙尖叫的商品，爱鞋的购物狂若来到罗芒，看到精致的鞋子时恐怕会难以自控，除了在商店寻宝外，如果想要了解罗芒制鞋的历史，不妨到国际鞋类博物馆逛逛，这个有趣的博物馆建于17世纪，不仅展示各类制鞋工具、制鞋机械、鞋楦头，而且还播放各类追溯鞋类历史的视听材料，从古埃及木乃伊穿的鞋到海盗穿的靴子，无所不包。其中还有中国小脚女子穿的三寸金莲，以及中世纪穿的拖鞋。

博物馆里的2000多件展品展示了4000年的鞋类历史。馆内最受注目的作品是由Pierre Yantorny（1974-1936）制造的鞋子，其作品早就成为造鞋界的奠堂级艺术品，被誉为世上最昂贵的鞋。常常

1

1. Roman, fontaine place Jacquemard-Drome des Collines © RA Tourisme / M.Rougy
2. Nougat de Montelimar£≠Drome Provencale © RA Tourisme / P.Fournier
3.Pogne de Romans£≠Drome des Collines © RA Tourisme / C.Delpal

2

3

1. Romans, centre ancien-Drome des Collins © L.Pascale / CDT 26
2. Romans, musee de la Chaussure-Drome des Collines © RA Tourisme / S.Maviel
3. Romans, Musee de la Chaussure-Drome des Collines © RA Tourisme

有人打趣地说，《欲望都市》中的女主角Carrie买鞋的花费较买楼还要多，假如那位美国女影星Sarah Jessica Parker认识Pierre Yantorny的话，肯定要倾家荡产，“穷”得只剩下鞋子。Yantorny在造鞋界是谜一样的神秘巨匠，大家只知道他于1890年在意大利的卡拉布（Calabre）出生，从未上过学也不会写字，其后来到了法国巴黎定居，担任克吕尼博物馆（Musee National du Moyen Age ）鞋子收藏馆馆长，于1910年左右开始设计和制造鞋子。Yantorny是理想主义者，作品特色是奢华、夸张、手工精致和颜色鲜艳，用料令人出乎意料，但对制成品要求极高，被视为首位现代鞋子的设计师。在所有系列作品中，最令人惊艳的是用一种日本鸟的1.5毫米长的羽毛制成的鞋子，花了6个月才完成，是Yantorny造鞋生涯的一项杰作。

若说Yantorny是鞋匠，倒不如说他是一位艺术家来得更贴切，他曾说过：“应将鞋子作为一件艺术品来制造。”所以会花长达两年时间去设计一双鞋子，所以成本亦非常高昂，当年他的专卖店外面就写着“世界上最贵的定制鞋”，但仍是法国上流社会的珍品。

Yantorny的奢华鞋子在百年前震动了时装界，当时时尚的观点亦有了革命性的改变，当时的时装设计师特意把裙子或裤子改短，以便让人看到脚上的鞋子，鞋子不再是可有可无的配饰，反而成为时尚主角之一。当Pierre Yantorny进驻旺多姆广场，即今天宝齐莱首饰（Boucheron）店所在地时，一位美国富翁竟一口气付了2万5千法郎的天价，向他购了300双高价皮鞋。

Yantorny的作品最早进驻欧洲的各间博物馆，而罗芒的国际鞋类博物馆里一共收藏了他其中13000件作品，这些鞋子都变成珍贵的古董了。馆内另有13个款式的鞋子是来自Romanaise Laure Bassal 的私人收藏，其他的均来自纽约城市艺术博物馆。

此外，本地区还有数家出产时尚鞋的地点。游客们在这里可以搜寻便宜货，不少著名的设计师在Marque大街购物商圈以最低价出售他们的作品。

**国际鞋类博物馆**
地址：2, rue Sainte Marie, 26100 Romans sur Isère
电话：04 7505 5181

2

3

南部

# 奥特瑞夫

## 理 想 中 的 城 堡

一个人只要有梦想和毅力就能成就事业。位于奥特瑞夫（Hauterives）的理想的城堡（Le Palais Ideal），记录了一个平凡人不断追求梦想的过程。

Palais Ideal du Facteur Cheval a Hauterives£≠Drome des Collines © RA Tourisme / P.Fournier

奥特瑞夫原本是一个默默无闻的小镇，却因为一个邮差薛瓦勒（Ferdinand Cheval）33年来的坚持，每天一块的叠垒，造成了理想的城堡，现已成了小镇最有趣的旅游景点。这个小城堡于1969年登记成为法国的文化遗产，也是人类毅力累积而成的见证。

虽然名为城堡，但只有26米长、14米宽、12米高而已，这座城保的外型与坚固厚重的印象无缘，看来与孩童在沙滩建造的沙堡更相像，造型十分笨拙，观看呈现扭曲不一致，但却令人印象深刻。走入理想城堡，无不为薛瓦勒的创意和天马行空所感动，城堡虽然只如一栋别墅般大小，但是几乎每个细节和角落都灌满了建筑者的创意，栩栩如生的动植物布满了整个城堡，你还能登上城堡，近距离去欣赏邮差的创意。

无法想象，这念头其实源自一个再平凡不过的一天，虽说建筑不是一个人的事，但薛瓦勒真的凭自己一双手创造了传奇。

薛瓦勒于1836年出生于当地一个贫穷的农民家庭，某天他不小心被一块石头绊倒，发现这块石头的造型很有趣，看起来也别致漂亮，于是把那块沉甸甸的石头拿起来，放在邮包里一直背着。村民看到背着石头，觉得很奇怪，问明原因后都认为他的举动有点愚笨，就劝他把石头扔掉，以免太辛苦。但薛瓦勒不以为然地说："这块石太漂亮了。"村民取笑他太傻，又指山头上同类石头多得"够他捡一辈子"。

被人取笑过后，薛瓦勒并没有把石头丢弃，但晚上睡觉时却辗转难眠，终于想到要以各类石头建造一座城堡，并立即付诸实际。自此之后，薛瓦勒

Le Palais Ideal
网站：www.facteurcheval.com
地址：Le Palais Ideal du Facteur Cheval, 26390 Hauterives
电话：334-75 68 81 19

一边送信，一边收集石头做建筑材料，他以独轮运载信件和石头在村里行走，这种奇异举动令旁人以为他变成了疯子。

也许追寻理想的人都要有一点疯劲，薛瓦勒曾说过："为了我的理想，我愿意献出我全部的精力、时间，不顾众人的评论，坚持我自己。"于是，这位乡间邮差变成了无师自通的建筑鬼才。城堡呈现出跨年代、跨区域的风格，但到目前为止，还没有人肯定薛瓦勒如何受到启发而设计这座城堡。有一种说法是，薛瓦勒虽然不曾出门旅行，但当年盛行寄明信片的风潮，相信来自世界各地的明信片上的风光都成了他的灵感，逐一以独特面貌再现在城堡的细节中。只要仔细观察，就能在城堡中发现回教堂和埃及宫殿等元素，同时包含了北欧各国、中国和印度等风格，还布满了各种各样的动物，四只脚并排，像孩童画，富有童趣，令参观者回味无穷。

薛瓦勒在1879－1912年的33年里，埋首用石头、贝壳和石灰筑起了这座理想中的城堡。在1905年城堡还未完成时，一名记者偶然发现了这兴建中的城堡，为薛瓦勒的毅力和作品风格所折服，写了长篇报道在法国报章刊登出来，令薛瓦勒成为备受注目的新闻人物，城堡开始吸引世人目光，据说连当时声誉最隆的艺术家毕加索也专程来参观。

这座城堡已被选为世界十大造型奇特的梦幻建筑，一名从来不懂建筑原理的邮差，竟然与多位建筑大师齐名。城堡的建造过程里，每块石头都是薛瓦勒的劳动印证，而入口处一块石头更被他刻上句子："我想知道一块有了愿望的石头，能走多远？"据说，那块就是把薛瓦勒绊倒，因而成他走向理想之途的石头。

城堡建成时，薛瓦勒已年届76岁，由于不准安葬在城堡范围，故他其后花了8年时间，在小城的公墓里另建一座城堡，但建成后仅20个月，他就在1924年逝世，享年88岁。

时至今天，许多建筑界人士都慕名来这里参观，城堡的建筑手法也许并不完美，但对任何建筑师来说，却是梦寐以求的最高成就。建筑的最大功用是它的实用性，这座城堡并不只是一具空壳，这里已连续3年举办爵士音乐会，而且也会不时举办其他晚会。薛瓦勒曾经面对的嘲笑，如今变成了连绵不断的赞叹声。

# 南部 格里尼昂

薰衣草的季节抵达格里尼昂，这个小镇显得更漂亮，漫天紫色的清香，背景则是文艺复兴时期的城堡，我们越过薰衣草田，穿过热闹的周末市集，路过一家家宁静漂亮的民居，踩着石板路，慢慢登上城堡，眺望无限风光。这个深受法国人欢迎的小镇，却鲜有亚洲人踏足。格里尼昂城堡是法国东南部最大的文艺复兴时期城堡，设计风格深受意大利建筑风格及卢瓦尔河城堡的影响，其南面的建筑立面布满了漂亮的窗扉设计和立柱等。目前城堡由德龙省文化局接管，城堡内以古典的法国家具布置，能反映出当时的品位。

小镇的民居如螺蛳布局一样，围绕着一座小小的山丘攀缘而上，层层叠叠围绕着位于制高点的城堡，房子大多古朴，以岩石叠成，与山丘融为一体。从远处看，小镇似是天然而生，没有半点斧凿痕迹。主要干道上布满了精品店，售卖着各式各样有趣的手工艺品，慢慢逛总会有新发现。19世纪时，这小镇可是松露之都，盛产优质的松露，到餐馆吃饭，千万不要忘记点一些以松露入肴的菜式。

不少人往法国跑，就是为了浸淫在薰衣草的花海中，每逢6至7月花期，格里尼昂的空气中就飘散着弥漫不去的花香，满眼都是没有尽头的紫色，山丘变成花海中的小岛，非常耀眼。但游人来到格里尼昂，主要目的却是为了见证一对母女的情谊。

小镇入口处有个巨大的鹅毛笔和一个优雅女人的雕像，这是塞维尼夫人（la marquise de Sé vigné）的女儿，她曾经居住于格里尼昂的城堡。塞维尼夫人（1626—1696年）当时是巴黎上流社会的名媛，她过去没有进行过文学创作，但与女儿分开后，因为思念爱女，经常在巴黎写信给女儿，信里详细叙述巴黎的人情风物，描绘宫廷与贵族之间的豪华生活以及奇闻轶事、田园风光，也评述巴黎文坛动态。

塞维尼夫人以文笔委婉流畅写下大量信件，内容具有极高的文学价值和文史资料，后来这些书信结集成《书简集》（Lettres）出版，在法国文坛中占据特殊的重要地位，并成为经典的文学作品之一，《书简集》已被翻译成多国语言在世界各地出版，

1. Chateau de Grignan-Drome Provencale © RA Tourisme / R.Schleipman
2. Mosaique au Chateau de Grignan-Drome Provencale © RA Tourisme / R.Schleipman

1

2

Grignan, Fontaine de Mme de Sevigne-Drome Provencale © RA Tourisme / M.Rougy

**最佳旅游季节**

黑松露的产期为每年的11月底至次年2月，夏天的时候可以尝到夏季松露，但是冬天的黑松露的口味更胜一筹。

并且深受欢迎。正如《小王子》可以是旅客来到法国的理由，《书简集》亦吸引到万千读者来到格里尼昂，想象自己化身塞维尼夫人的女儿，在古老村庄的城堡里，细读着母亲的家书，幻想远在巴黎的风流。

母女之间的书信，不但令格里尼昂声名远播，也造就了一个风雅传统，镇里在每年6月就会举行每年一度的“书信节”，当时薰衣草开得正盛，17世纪的薰衣草味道，大概和现在差不多吧？若适逢期会，你想写信给谁？

# 南部 尼翁

橄榄油一向与健康和美食有着割不断的关系，凭《橄榄：点亮地中海文明的圣物》（Olives：The Life of a Noble Fruit）获得全球最佳饮食写作奖的美国籍编辑Mort Rosenblum，定居法国逾30年，断言法国的橄榄油是全球最佳。而谈及橄榄油，法国人都会立即想起“橄榄之乡”尼翁（Nyons）。

尼翁是一个叫人感觉惬意的地方，天气干爽，自2000年前，罗马人就在这里种植橄榄。小镇在历史上几番起落，到了18及19世纪，尼翁因生产高品质的橄榄及葡萄酒等，再度进入旅人的视线，人们来到尼翁，就是为体验美食美酒的日子。

车子开往尼翁附近的山区，就能看见成片成片的橄榄园，衬着蓝天，不禁让人哼唱起齐豫的《橄榄树》：“不要问我从哪里来，我的故乡在远方……”橄榄的故乡就在尼翁，当地有些地方，如巴鲁尼（Baronnies）的米哈贝尔（Mirabel），甚至有在古罗马时代生长至今的橄榄树，树龄已过千年，睥睨着斗转星移，依旧结出最丰美的果实。

橄榄也被称为黑珍珠，尼翁生产的Tanche橄榄所榨的油，有特级品之美誉，闻名全法国，也是首个获得法定产区等级（AOC，Appelation d'Origine Controlée）的橄榄油，至今有约30个品种的橄榄获得同样殊荣。AOC意为“原产地控制”，是法国认证给予某些地区的葡萄酒、奶酪及橄榄等产品的地理标志，这些获得AOC认证的产品严格控制了产品的生产地和生产方式等，以确保其产品的质量。

尼翁的橄榄园遍地开花，旅客可以在橄榄树小径上散一下步，免费享受法式美景，在树林间穿梭，还可以欣赏到区内的依格（Eygues）山谷和山头景色，造一个带有橄榄味的美梦。旅客当然还可以参观橄榄油厂，实地看到整个制油过程，从采摘果实，分类，压榨直到最后成品油产出。一棵橄榄树能生产15至25公斤的橄榄，却只能榨成一公斤的油。目前尼翁约有22万棵橄榄树，每年生产400吨的AOC橄榄和200吨的橄榄油。所以到了尼翁，千万不要忘记到当地的餐馆品尝橄榄油，该地的橄榄油顺滑入口，甚至带有浓郁的果香味，色泽嫩绿并透着点

1. Vignes autour de Nyons-Drome Provencale © RA Tourisme / A.Perier
2. Olives noires de Nyons-Drome Provencale © RA Tourisme / A.Perier

1

2

点的金黄色，难怪当地人称之为黄金液体。

除了造油外，橄榄还被制成酱料、夹心橄榄、罐头、油肥皂等等，像征和平的橄榄枝，更能被编制成垫，融入居民的日常生活中。来到尼翁，切记不能错过参观当地著名的橄榄博物馆，馆里展示了该区种植橄榄的历史等。另外，若去有825年历史的圣美村（Saint May），则可了解到橄榄文化和植树技术等等。

毫无疑问，尼翁的主题就是橄榄，当地创造了许多与橄榄有关的节日：1月庆祝榨新油；2月的第一个周末是尼翁橄榄节；7月有24小时的黑橄榄节；9月有世界遗产日，许多历史悠久的橄榄园都开放供人参观。尼翁位处法国地中海沿岸种植橄榄的最高界线，气候较其他区域寒冷，所以到12月才能采集新一季橄榄，较其他区域迟了约三个月，当农家收集新鲜的橄榄，就用特殊的刺札工具将果实刺烂后洒盐，放在阴凉处腌8至10天，作为最特别的圣诞食品，而“刺橄榄节”也诞生了。因此，圣诞节前夕抵达尼翁，最能感受到新鲜上市、充满节日气氛的橄榄气息。

尼翁的老建筑大部分都集中于古城内，其地标为高耸的Randonne尖塔，几乎在每个角落都能看见它。这个建造于13世纪的城堡，后来改造成教堂，尖塔类似金字塔型，上面有圣母玛利亚雕像，守护着这座小城。如果你对尼翁的中世纪历史感兴趣的话，可以到考古博物馆看看，这个有趣的博物馆展示了尼翁地区所挖掘出来的文物，包括铜器时代、罗马时代和中世纪尼翁人所用的日常器皿等。

LE
RESTO
DES
ARTS
SAIGON

# 南部 旭兹拉汝斯

除了橄榄、奶酪、薰衣草等，德龙省还生产优质的葡萄酒，游客不仅能在这里品尝到绝佳口味的葡萄酒，有学习精神的甚至能到著名的葡萄酒大学

Universite du vin-Chateau de Suze-la-Rousse-Drome Provencale © RA Tourisme / R.Schleipman

(Universite du Vin) 上个短期的课程，对葡萄酒有个更深刻的了解。

我们的目的地是旭兹拉汝斯镇，法文Suze la Rousse意为红色高地。小镇内中世纪的街道以碎石铺成，一块块光滑斑驳的欲言又止。镇中心是个建造于12世纪的城堡，已列入历史保护文物，但内部

装潢所剩不多，据说是因为在法国大革命时被群众瓜分掉了。幸好墙壁的石雕大致仍完好，隐约看出当年的显赫相貌，目前已是赫赫有名的法国葡萄酒大学。法国拥有无数的城堡，不少已改造成精致的城堡酒店，被当成大学使用算是十分罕见的，游客需要预约才能参观，也能报名参加短期的葡萄酒培训课程。

成立葡萄酒大学的意念始于1978年，当地的葡萄酒专家期望把毕生知识有系统地传授给学生，于是成立了这所学校，把酒中的学问推广和传播。目前每年有超过200名学生和2000名葡萄酒从业员及爱好者，来到这里进行培训。经历了一百多年，葡萄酒大学没有忘记当初成立的目的是传播酒中学问，所以校方在图书馆里设有资料中心，所有信息都可在网上下载，有志品酒者就算足不出户，亦可认识酒中学问。

大学在罗纳河谷的葡萄园区中心地带，种植了来自世界各地品种的葡萄，让学生学习种植葡萄和酿酒，从中认识葡萄酒的历史和文化。学校也对外开放，提供不同年期的课程，周末更设有品酒课程，供一般的葡萄酒爱好者参加，所以每逢周末，旭兹拉汝斯显得特别热闹。

**葡萄酒大学**（Universite du Vin）
网址：www.universite-du-vin.com

Chateau de Suze-la-Rousse, village perche-Drome Provencale © RA Tourisme / P.Fournier

大学校长Renee Payan是一个热情的法国女子，亲自接见我们，并带领我们游览城堡和大学。"罗纳－阿尔卑斯大区是法国著名的产酒区，共有36种葡萄酒获得AOC认证，其葡萄酒带有浓郁的果香和香料味，一直深受爱酒人士的欢迎。这里的葡萄酒之所以有名，除了有历史悠久的酿酒业，还不断地通过研究，培植出优良的葡萄，唯有如此传统的行业才会有新活力。"

葡萄酒大学成立于1978年，是法国唯一的葡萄酒大学，多年来为世界各地培育了不少品酒专家，学员来自五湖四海。这几年来，葡萄酒越来越受亚洲人的欢迎，大学也吸引了不少亚洲学生，其中不少亚裔学生就来自国内。"我们这里也有不少的中国籍学生，他们研究的课题也十分有趣，比如说葡萄酒和什么中国菜肴匹配等，相信这项专门的知识能让更多人在用中餐的时候也能享用合适的葡萄酒。现在的中餐越来越精致，也肯定有这样的需求。"

除了学习葡萄酒的个性和种植，大学还设有不少和葡萄酒相关产业的内容，包括葡萄酒市场管理、葡萄酒法律硕士等专业课程。这里甚至设有自家的葡萄试验田，栽种了70种葡萄，几乎涵盖了所有能用来酿酒的葡萄种类，让参观者和学员能生动地了解葡萄的种植过程和个性等。大学的酿造和农艺学研究中心则备有目前最先进的专业检验和分析设备，可进行葡萄和葡萄酒质量的检验、农艺和酿造研究分析，土壤分析等，十分专业。来这里教学的老师其中有不少是著名的酿酒师，有十分丰富的实地经验。

参观了大学，品尝过当地独特的葡萄酒，我们站在城堡露天的阳台看风景，眼前依旧是成片成片的葡萄藤，还有散落其中的薰衣草田，风吹过，空气中的清香带有醉人的清甜，谁不想在薰衣草香重重包围的环境中上课。

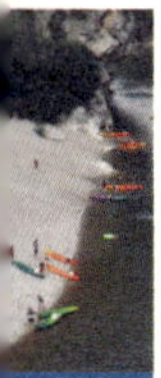

# 南部 阿尔代什峡谷

1

夏天到阿尔代什峡谷旅游，你立马就能感受到这个峡谷的嘉年华气氛，青山绿水里都是爱晒太阳和户外活动的游人，在清澈见底的河流上泛着独木舟，晒一身骄傲的古铜色，为自己制造一个难忘的夏日回忆，就算站在离地40米的观望台，看着峡谷和奇特的岩石造型，还是能轻易感染到他们的欢愉，在大自然中完全地释放自己。

喜欢自然风光的旅人，自然不应该错过位于阿尔代什省的阿尔代什峡谷（Ardeche Gorge）。峡

1.RN des Gorges de l'Ardeche, le Pont d'Arc-Ardeche Meridionale © RAT / JL Rigaux
2.RN des Gorges de l'Ardeche, kayac sous le Pont d'Arc © RA Tourisme / P.Fournier

2

谷长约30公里，由石灰岩构成，让蜿蜒的阿尔代什河环抱着，是当地最受欢迎的旅游目的地，峡谷最上镜的一角为入口的天然拱桥（Pont d'Arc），高40米，宽60米，它是南阿尔代什自然遗产的地标，类似桂林山水里的象鼻山，1980年被法国列为国家自然公园，是法国著名的自然景观，峡谷的玩法很多，你能乘小船顺流而下，也能安静地在一旁静静观赏拍照。

由于这一带都是花岗岩，经过常年大自然的水蚀和风蚀，已经形成了各种各样独特的卡斯特景观，除了峡谷风光之外，也形成了不少独特的地下溶洞等。包括举世闻名的奥尔涅克水洞（Aven d'Orgnac），该处距离奥尔涅克镇（Orgnac）2公里，位于阿尔代什省南部边缘，目前对公众开放的只是3公顷大小，也只是整个地下洞面积的十分之一，溶洞内有几个大小不一的大厅，游客都能看见无数漂亮的钟乳石，还可以通过精彩的视听短片了解溶洞的历史。

我们小心翼翼地沿着220个阶梯下到第一个大厅，这个水洞由这些宽广的大厅形成，源于地下水的作用。地下水从石灰岩的缝隙中渗出，作用于岩石。地下水的消失产生了风化，并在其上面形成石

1. Aven d-Orgnac-Ardeche meridionale © RA Tourisme / P. Fournier
2. Escalade a Casteljau sur la rive du Chassezac-Cevenne ardechoise(07) © RA Tourisme / JL. Rigaux

笋，15000年来，石笋就没有动过。直至1935年8月，水洞才由法国的洞窟学者罗贝尔德若利（Robert de Joly）发现，被喻为法国最美丽的洞穴之一。

**奥尔涅克水洞**

开放时间：随不同月份变动，宜先上网查询。

门票：成人8.5欧元；6－14 岁儿童5.5欧元

电话：04 75 38 65 10

网址：http://www.orgnac.com/

注：水洞 （Aven） 有导游陪同参观。

2

# 南部 特色小镇

1.Balazuc, village de caractere-Ardeche meridionale © RA Tourisme / P.Fournier
2.Balazuc, village de caractere-Ardeche meridionale © RA Tourisme / P.Fournier

乘小船或独木舟顺流而下可在3月到11月底进行（建议选择5、6月分，此时白天长，且游人不多）。
租船服务
在拱桥谷（Vallon-pont-d'Arc）、萨拉夫（Salave）、鲁翁（Ruoms）、圣马丁（St-Martin）及圣勒默泽（St-Remeze），有50多个租船点或只租船，或连划船人一起，租一到两天，每人需18.29-22.87欧元之间
鲁翁旅游服务处租船电话：04 75 93 91 90
拱桥谷旅游服务处租船电话：04 75 88 04 01
圣马丁－阿尔代什旅游服务处租船电话：04 75 98 70 91

阿尔代什还有许多漂亮得令人目眩的小镇。走入巴拉祖克（Balazuc），时间仿佛停留，以石头垒成的民居，在河岸峭壁上层层叠叠堆积起来，当阳光撒在这些有了一定年月但依旧老当益壮的房子上，你就会知道为什么当地旅游局会将其列为法国最美丽的小镇之一，是最受游客欢迎的小镇。

小镇刚好就坐落于小河的弯道上，视野极佳，站在高处眺望山水风景，河上有座建造于19世纪的石头桥，河边的沙滩上有不少玩水的游人。走进小镇，似乎走入迷宫，你永远不会知道眼前有什么风景，除非你勇敢地往前探索，不需要担心迷路，因为每一个转角处，你都会不小心遇见意想不到的景致，从那一刻起，旅行才真正的开始。

如果在秋天时分来到阿尔代什，这里刚好是栗子节，在小镇散步就是最佳活动，还可以沿途尝到各式各样的栗子美食，其中Les Vans、Alba la Romaine、Vogue等村落，都有着不同风格法式小镇风情。别忘了逛当地的市集，能感受到最地道的人情世故，法国大妈的豪爽、小姑娘的羞涩、卖肉大叔的亲切，一一免费送到。其中与时尚杂志同名的小镇Vogue，是另一个被称为法国最美的村落之一，这个于中世纪由小石建成的小村，坐落于周陡峭的山谷中，沿着山脉自然蔓生，封闭的景致有了独特的瞄头。村里的房屋倚山而建，阿尔代什河就从民居门前弯过，有水的小镇，总是显得温婉而宁静，伴着薰衣草的芳香，又是一场美梦。

来到阿尔代什，不单嗅觉，视觉与味蕾也忙不过来，这里亦有好动的一面，阿尔代什河是法国最出名的漂流胜地，每逢夏季来临，不时见到数百艘命名为Canoe的独木舟沿着阿尔代什河漂流而下，长度分别为23公里和30公里，当中河段全是高山峡谷，没有公路，亦可以进行攀山活动。

1

## 萨瓦省及上萨瓦省

莱蒙湖周边及依云
勃朗峰霞慕尼
梅杰夫
安纳西湖
布尔杰湖及艾克斯雷班
尚贝里
三峡谷滑雪场
伊泽尔山谷
瓦努斯自然公园
察特勒兹自然公园

## 伊泽尔省

察特勒兹自然公园
格勒诺布尔
维尔科自然公园
艾柯朗自然公园
阿普德维兹
双阿尔卑斯

罗纳-阿尔卑斯大区

# 东部

1.Vue sur le Lac Leman, depuis l'hotel Royal Ermitage£≠Evian(74) © Evian Royal Resort / M.Buscail
2. Le Grand Bornard-Aravis(74) © RA Tourisme / JL.Rigaux

东部

# 莱蒙湖周边依云

莱蒙湖清澈蔚蓝，阿尔卑斯山脉如一道白边镶在湖边，深深地呼吸，那或许是天堂的气味。难怪19世纪那么多的浪漫派文人都为莱蒙湖留下了文学和诗歌。亨利·詹姆斯称它是“出奇的蓝色的湖”；拜伦则把它比喻成一面晶莹的镜子，“有着沉思所需要的养料和空气”；巴尔扎克则把它说成是“爱情的同义词”。大文豪为莱蒙湖留下的诗句到今天还十分适用于形容这一带的湖光山色。

莱蒙湖长72公里，宽8公里，分属瑞士和法国，各占一半，在瑞士名为日内瓦湖，在法国则为莱蒙湖，是法国阿尔卑斯山最大的湖泊。莱蒙湖究竟有多大？单是游船绕湖一周要花上12个小时，但是缓慢的船程能让游人轻松地欣赏湖景，看看水鸟掠过平静的湖面，你甚至能在船上享受一顿慢餐，当地还盛产美味和新鲜的淡水鱼。不过我们建议您随便选乘一小段，体会一下湖光山色的浪漫，其余则可利用火车以节省交通时间。

1.Thonon et le Lac Leman (74) © OT Thonon
2. Barque la Savoie devant le port d'Evian-lac Leman(74) © OT Evian
3. Thonon-port de plaisance sur le lac Leman (74) © OT Thonon

2

1

3

1

2

3

湖边有不少漂亮的小镇，其中最富盛名的是依云镇。说起依云，马上就令人联想起矿泉水，位于莱蒙湖边上的童话小镇是依云水的发源地，在小镇上甚至有四个公共的饮水点，矿泉水远远不绝，让镇上人和游客免费享用。据说，还有瑞士人特地来这个小镇装水。

依云镇独特的地理构造成就了依云水，阿尔卑斯雪峰的冰川融化成水后，先要经过一个封闭的砂石过滤层，水流渗过这层砂石，要用15年的时间，才能抵达依云镇，水厂于是将依云水直接灌装入瓶，贴上EVIAN标签，在世界各地销售。

依云水的疗效是一个名叫Marquis de Lessert的贵族发现的，当时法国大革命正进行得如火如荼，

1. Jardin d-eau de Pre Curieux-Evian (74) © OT Evian
2. Evian Masters Golf Club, au bord du Lac Leman (74) © Evian Royal Resort / JN. Reichel
3. Massage du visage-Thermes d'Evian © Thermes Evian
4. Piscine thermale£≠Thermes d'Evian(74) © Thermes Evian
5. Jacuzzi£≠Thermes d'Evian (74) © Thermes Evian
6. Hotel-restaurant Royal Ermitage-Evian (74) © Evian Royal Resort / JJ.Liegeois

这个贵族逃到依云，当时他患有肾结石，喝了一段时间的依云水后，疾病奇迹般痊愈了，依云水也因此成名了。一传十十传百，不少人就专程来依云寻水，当时这水传到宫里，拿破仑三世将一个拉丁文单词EVIAN（其本意为“水”）赐给该镇做地名。法国政府还特别立法规定：依云水源地周边500公里之内，不许有任何人为的污染存在。难怪依云小镇早期是法国皇室和欧洲贵族的度假胜地。

依云小镇在法国经常被评为“最多鲜花的小镇”，小镇很小十分悠闲，在莱蒙湖边漫步，到处可看到无所事事的天鹅和野鸭，空气清新，加上依云水的神奇疗效，在小镇漫步会让人觉得这个世界原来如此美好。

**不可不看的景点**

**Cachat花园**

位于Cachat花园有个特别的水龙头，到这里能免费享用纯正的依云水，游客和当地人也经常会拿着塑料瓶到这里装水。公园内有个新艺术设计风格的亭楼，值得一看。

**市政厅和歌剧院**

意大利设计风格的歌剧院建造于1885年，是依云最风光年代的见证物之一，为巴黎歌剧院建筑师Charles Garnier徒弟之作。毗邻的Hotel De Ville原是Lumiere贵族的夏宫，目前是当地的市政厅，收藏了不少关于这个地区矿泉水的历史资料。由于Lumiere家族喜爱收集艺术品，富丽堂皇的建筑内藏有大批精彩作品，建筑本身的设计也带有文艺复兴的特色。

**Notre-Dame de l' Assomption教堂**

Notre-Dame de l' Assomption教堂建于13世纪，教堂的一大宝藏是著名艺术家Pierre Christin长达14面墙的巨型壁画创作"Way of the Cross"。

**Spa**

来到依云自然不能忘记做SPA，依云温泉是世界上唯一的天然等渗温泉，温泉水的PH值几近中性，由于具有独特的等渗透性，一接触皮肤就可以迅速渗入皮肤表层，各种有效成分就能充分发挥作用，对皮肤有极佳的治疗作用。皇家酒店（Evian Royal Palace）拥有依云镇最好的SPA中心，2003年的G8会议在此举办，各国元首曾经下榻于此。这个SPA所用的水都是依云水，所用的护理产品，如护肤水雾也是依云水。

4

5

6

东部

# 勃朗峰霞慕尼

热爱滑雪和户外活动的人不应该错过霞慕尼，这是全世界最著名的滑雪目的地，霞慕尼镇周边有不少的滑雪场，而滑雪者也大多选择住在霞慕尼。

1924年，第一届冬季奥林匹克运动会在霞慕尼举行，从那时开始，霞慕尼就慢慢演变成欧洲滑雪胜地，这里先天条件十分优厚，每年从9月开始，霞幕尼地区进入雪季，两场大雪之后，勃朗峰山区

**最佳旅游季节**
要看阿尔卑斯山雪景并想尝试一下滑雪的朋友，可以选择在12月底至次年3月底到访阿尔卑斯山。但勃朗峰因为海拔地势高所以终年积雪，任何时候都可看见雪景。

被大雪覆盖，成为一个个天然雪场，滑雪季一直能延续到来年4月。

海拔1037米的精致小镇霞慕尼就坐落于欧洲屋脊阿尔卑斯山最高峰 —— 勃朗峰脚下。冬季时，吸引了无数世界各地的滑雪爱好者聚集于此，整个小镇热闹非凡，气氛也十分嘉年华。霞慕尼附近的大型滑雪场就有十多家，共有上百条的雪道，由初级的绿道到最高难度的黑道，都能满足各种水平的滑雪爱好者。

霞慕尼镇很小，大多数的住宿和餐饮都集中于小镇及周边几公里处，现在见到的霞慕尼是1850年一场大火后重建的，所有一切显得比较新。小镇非常适合漫步，其中有几栋漂亮的小教堂就坐落于重要的干道上，天气好的时候还能看见勃朗峰呢。

1. Statue de Balmat et Saussure-Chamonix Mont Blanc (74) © RA Tourisme / JL. Rigaux
2. Randonnee au lac d'Emosson£≠Mont Blanc (74-frontiere franco/Suisse) © RA Tourisme / C. Martelet
3. L'Aiguille du Midi, en arrierer plan les Grandes Jorasses-masif du Mont Blanc (74) © OT Chamonix / M. Colonel
4. Raquettes autour de Chamonix Mont Blanc (74) © OT Chamonix / P.Labarbe

2

3

4

1

4

5

1. Golf de Chamonix-Mont Blanc (74) © F. Leclaire
2. Pause randonnee au-dessus de Megeve-Mont Blanc (74) © M. Buscail
3. Aiguille de Blaitiere-massif au Mont Blanc (74) © OT Chamonix / M.Colonel
4. Lac de montagne face au Mont Blanc (74) © Chamonix / P. Labarbe
5. Alpinistes au somet du Mont Blanc © RA Tourisme / JL. Rigaux
6. Randonnee autour de St-Gervais-Mont Blanc (74) © RA Tourisme / JL. Rigaux
7. Chamonix Mont Blanc (74)-Domaine des grands Montets © RA Tourisme / M. Dalmasso
8. Sommet du telepherique du Brevent face au Mont Blanc (74) © RA Tourisme / A. Perier

2

3

6

**活动/登山峰**

游客可以搭乘缆车登上霞慕尼附近的几座山峰，看壮丽的阿尔卑斯山风景。其中的南针峰(3842米)是霞慕尼标志性景点，由冰川上起伏的石头尖峰、雪原和岩石峭壁组成。

全年运行的南针峰缆车连接着霞慕尼和南针峰，即使在夏季，山顶的气温也很少高于10℃，所以要带上保暖的衣物。天气较为暖和的5月中旬到9月中旬，你还可以乘坐勃朗峰全景缆车，从南针峰出发，一直到达法国和意大利边境的Pointe Helbronner。沿途你会看到梦幻风景——悬浮的冰川和冰柱、冰塔、雪原和闪闪发光的冰原。

**活动/观冰海**

英国人威廉·温德姆于1741年游览了霞慕尼，成为第一个见到冰海冰川的人，并将之形容为突然冻结的流动的海，因此这个冰川就被称为冰海。这长达14公里的冰川是阿尔卑斯山第二大冰川，冰川每年移动45米，中部各移高90米，由于冰川拥有得天独厚的旅游价值，百年前这里就开始建成铁路，因此这条冰海也成了一个热门的旅游景点。霞慕尼的Montenvers火车站每年夏天就有小型缆车把游客送下冰川和洞穴。路程需要20分钟。

**活动/滑雪**

霞慕尼有不少优质的滑雪场，适合不同级别的滑雪爱好者，其中Le Tour、Les Planards和Les Chosalets最适合初学者。全长20公里的Vall é e Blanche滑雪道是世界上最著名的滑雪道之一，由南针峰开始穿过霞慕尼后的森林，落差将近3000米。霞慕尼的游客中心、旅馆和缆车旁的售票处都能买到霞慕尼地区的缆车票，票价和种类繁多，可以在www.compagniedumontblanc.com查看并在线购买。

**活动/夏季徒步的好地方**

霞慕尼是冬季的目的地，夏天更是徒步的好地方。这里有将近310公里的步行路线对徒步爱好者开放，每年的4到10月，吸引了不少徒步爱好者来这里健行。

**美食**

霞慕尼当地美食有着浓郁的阿尔卑斯山风情，最著名的要数奶酪火锅（Cheese Fondue）和涮肉火锅（Fondue formula)。霞慕尼当地餐馆都会提供这两种特色餐饮。 Cheese Fondue火锅的锅底是浓浓的奶酪，奶酪煮开后，沾着面包吃，别是一番风味。而Fondue formula的跟国内的涮锅没什么区别，只是在锅架子有鱼形状和牛羊形状两种，用来分别是海鲜锅还有牛羊肉锅，调料有十种选料，需要自己调配。

7

8

# 东部 梅杰夫

从安纳西开车约一小时就能抵达梅杰夫，这里是巴黎人最爱的赏雪小镇。他们爱她的景色，爱她的宁静，更爱梅杰夫周围优质的雪场。梅杰夫是全欧洲最早设立而设备最好的滑雪度假村，面对勃朗峰，别名为“Sunny Megeve”，因为这地区大部分时间都阳光充沛。Megeve是国际驰名滑雪度假胜地，每年吸引大量千里迢迢而来的滑雪爱好者。

小镇人口只有约4000人，以教堂为市中心，行人步道区里没有车声，中世纪风格的街道布满了各式各样富有个性的小商店。小镇娱乐中心里有溜冰场、温水游泳池等。事实上，不只法国人喜爱这里，此地的游客有四分之一是外国人。每年举办冰上曲棍球、雪地马球、狗儿拉雪橇竞赛、夏季爵士音乐会，以及高尔夫球赛等等活动，让游客能亲近阿尔卑斯山里的每个季节。

不少人专程来到梅杰夫滑雪，此地山坡被分成三个独立的区域，共有108辆缆车通往445公里长的滑雪道，当地有不少的滑雪学校为学员提供短期课程等，小镇附近也有不少漂亮的小村庄，夏天更是适合徒步游览。如果想更轻松地欣赏到周边风景，那么不妨乘坐法国海拔最高的火车——勃朗峰有轨电车，冬季由St-Gervais-Le Fayet站开到Bellevue，夏季则能到达更高处——位于海拔2380米的“老鹰筑巢处”鸟瞰阿尔卑斯山的风景。

1

**重大节庆活动**

整个7至8月为梅杰夫夏季音乐节。

1.Fontaine a Megeve-Massif du Mont Blanc (74) © Megeve Tourisme
2. Match de Polo sur neige a Megeve-massif du Mont Blanc (74) © Megeve Tourisme
3. Caleches a Megeve-massfis du Mont Blanc (74) © M. Buscail

2

3

东部

# 安纳西湖

不会有人不喜欢安纳西，这是一个像美女般的小镇，美得令人心动，来到这里的旅行者，总是不愿意那么快离开。这个位于阿尔卑斯山脚下，与瑞士相邻的小镇，依山傍水，经常被誉为“阿尔卑斯的威尼斯”。法国启蒙思想家卢梭都说，他在安纳西度过的是他一生中“最美好的12年”。

安纳西是上萨瓦省的首府，所在的位置原本是一块冰河区。20多年前湖水的品质曾一度很不理想，经过多年的努力改善，如今安纳西湖成为了全法国最清澈的湖泊，湖水清澈见底，鱼儿悠闲地在湖里游来游去，比游人们还要悠闲，令外人都羡慕这些“原住民”。湖的两岸有亲水步道供人们散步，锻炼。到了夏季，在安纳西湖的湖滩上，挤满了溪水和享受日光浴的人潮，晒一身骄傲的古铜色，才算是度假嘛。若想更完整地感受安纳西湖的美丽景色，搭乘游船是不错的选择，在饱览山水美景的同时，还可以在船上享用安纳西的特色鱼餐。

**重大节庆活动**
每年8月的第二个星期六晚上是安纳西湖泊节，有欧洲最壮观的焰火表演。

1. Lac d'Annecy et le Chateau de Duingt (74) © RA Tourisme / P.Smit
2. Ponton sur le lac d'Annecy (74) © RA Tourisme / C. Haase

1. Annecy (74)-Pont des Amours © RA Tourisme / S. Maviel
2. Annecy (74)-canal du Thiou, Palais de l-Ile © RA Tourisme / R.. Schleipman
3. Spa de l'hotel l'Abbaye de Talloire-Lac d'Annecy (74) © Abbaye de Talloires

4. Annecy (74)-Hotel-restaurant l'Imperial Palace © RA Tourisme / R. Schleipman
5 Hotel-restaurant l-Abbaye de Talloires-Lac d'Annecy (74) © Abbaye de Talloires

2

4

## 不可不看的景点

### 小岛宫

15世纪时安纳西曾遇到两次大火灾，所以绝大部分的木制建筑都在大火中被烧毁，只剩下城里运河上的小岛宫（Palais de l'ile）和山丘上的萨瓦公爵城堡。后人又按照原来的格局重建了老城，安纳西又恢复了往日的繁荣景象。许多民宅倚水而建，处处充满了水乡风情，故有阿尔卑斯的威尼斯之称。每周三次的早市就在运河的桥上和老城的小巷里展开。小岛宫是安纳西最出风头的观光景点，小小的运河如同温柔的双臂，轻轻地将她揽在怀里，岸边的露天咖啡座和小餐馆构成一道亮丽的风景线，运河里的野鸭和天鹅快乐地嬉戏着，一如风景明信片里的迷人景象。小岛宫原本是座监狱，现已改为安纳西历史博物馆。

### 老城

在老城周围和湖边漫步是感受安纳西最理想的方式，老城保留了其17世纪的大部分原貌，街道狭窄，随处可见有柱廊的过道，这里也能找到大量的餐馆和精品店。您可以逛逛小镇的传统市场，在商店里品尝或者购买具有萨瓦特色的各种产品。然后可以参观欧洲花园（Jardins de l'Europe），欣赏花园里百年以上历史的古树，并加入爱之桥（Pont des Amours）前的祈祷队伍（许个愿吧！）。参观结束后，您可以到步行街上的各家优雅小店尽情选购。

### 活动/水上活动

清澈的安纳西湖有一大片供野餐和晒日光浴的公园和草地，其中也有不少公共沙滩，比如位于战神广场公园以东1公里的Plage d' Annecy-le-Vieux，夏天的时候游人如织。3月末至10月末，可以在沿着Canal du Thiou 运河和Canal du Vassé 运河的一些码头租到脚踏船和小型摩托艇。Stade Nautique des Marquisats是安纳西的水上运动中心，能租到皮艇和独木舟，游客也能在附近的潜水店租用潜水配备，潜入安纳西湖一探湖中的奥秘。

### 活动/骑自行车

喜欢骑自行车的游客，或许能利用铁马来感受安纳西湖的风景，一条全程46公里的绕湖自行车道肯定能满足你。游客中心和自行车出租店铺都有免费地图。

### 节日

19世纪，拿破仑三世到这一新入版图的领土来巡视，安纳西大放烟花欢迎新国王和王后的到来，此后每年八月的第一个星期六湖泊节也就成为了安纳西最盛大的一个节日，盛大的焰火表演也被延续至今。作为阿尔卑斯山的门户，另一个重要的节庆活动不可不提，那就是阿尔卑斯高山放牧返乡节。这天穿着传统服装的阿尔卑斯放牧人，赶着挂了铃铛的牛只和羊群在安纳西老城里经过，街上处处摆满了销售土特产的小摊，这是此地最有特色的节庆之一。

### 美食

群山围绕着的安纳西湖也是美食家的好去处，这里有Veyrier du lac的Auberge de l'Eridan(chef Marc Veyrat)和Talloires 的l'Auberge du Pere Bise在此只提到两位名厨而已。到了安纳西就不得不尝试一下萨瓦特色餐，Fondu Savoyard萨瓦奶酪火锅和Racellet（将大块的奶酪溶化了，抹在煮熟的土豆上吃）都是当地著名的菜肴。很多中国游客很难接受奶酪做的食品，但当他们踏进安纳西的萨瓦特色餐厅，看见当地人是如何大块朵颐的，一定会勾起尝一尝的兴趣的。

### 重要联系方式

http://www.lac-annecy.com/
www.annecytourisme.com

5

# 东部 布尔杰湖 艾克斯雷班

布尔杰湖(Lac Bourget)是法国最大最深的天然湖，猫牙山（Dent du Chat)和香波特山(Chambotte)夹着长18公里湖面南北纵向，撒威耶运河（Canal de Saviere)像条脐带似的连结着罗讷河和布尔杰湖；这里不仅是鸭群和各种鸟类的天堂，也是众多垂钓客人和度假人士心目中的天堂。

1. Aix-les-Bains (73)-Le port de plaisance sur le lac du Bourget © RA Tourisme / S. Maviel
2. Chanaz, canal de Savieres entre le Rhone et le lac du Bourget (73) © RAT / M. Rougy

萨瓦省（Savoie)省会尚贝里（Chambery)和知名温泉疗养区艾克斯雷班（Alx–les–Bains），分别为布尔杰湖边的两大城。

艾克斯雷班(Aix Les Bains)位于布尔杰湖湖畔，作为健身和温泉胜地，早在古罗马时期，艾克斯雷班就以温泉闻名。19世纪拿破仑的爱妻约瑟芬(Josephine)大驾光临，自此这个温泉乡征服了贵族的心，1885年维多利亚女王亲临，正式掀起小城的“美好时代”(Belle epoque)。无数的豪宅大旅馆、温泉中心、赌场跑马场、高尔夫球场、贵妇名店街出现于小镇上，漫步在艾克斯雷班的大街小巷，空气里似乎还飘荡着往日的温馨。

2

1

2

3

对于喜欢享受挥杆乐趣的人来说，布尔杰湖更是打高尔夫球的理想之所。布尔杰湖湖畔充满了浪漫气氛，神秘的Hautecombe修道院激发了无数作者的创作灵感。从湖上行驶的游轮上观看这座修道院，令人久久不能忘怀。游轮往返于Chautagne

1. Ecrevisses et fera du lac d'Annecy © RA Tourisme / F. Cavazzana
2. Thermes de St-Laurent-les-Bains (07) © RA Tourisme / M. Rissoan
3. Thalassotherapie a l'hotel Adelphia a Aix-les Bains (73) © RA Tourisme / JL Rigaux
4. Lac du Bourget (73)-Abbaye d'Hautecombe © RA Tourisme / E. Maulave

镇、Chanaz村落之间，并在布尔杰湖(Lac Bourget)停下来品尝上等佳肴。这一地区的湖泊也是渔民的宝贵财富，这里盛产Troats、梭子鱼、小龙虾和河鲈等，都异常的新鲜和美味。

**重要联系方式**
www.aixlesbains.com

4

# 东部 尚贝里

1.Chambery (73)-le Carre Curial © RA Tourisme / JL Rigaux
2.Chambery (73)-Cour interieure © RA Tourisme / JL Rigaux
3.Chambery (73)-la Sainte Chapelle © RA Tourisme / JL Rigaux

2

1

140多年前，尚贝里其实并不属于法国，而是首先统一意大利的萨瓦公爵的属地。1860年为了抵抗奥地利势力入侵，公爵请法王拿破仑三世出兵相助，并以萨瓦省和上萨瓦省作为交换条件，从此这地区列入法国版图。由于历史缘由，尚贝里的风俗习惯与意大利北方居民皆相去不远，在此又有通往意大利的公路隧道，于是有许多意大利人在此工作或观光。

尚贝里是一座漂亮的临湖城镇，市中心拥有不少漂亮的老房子值得一逛。漫步于鹅卵石街道极具情趣，一座座隐秘的庭院更能感受到尚贝里的宁静。另外周边有很多风景可以观赏，也有很多事情可以做，所以尚贝里顺理成章成了一个游览景点的基地。

1. Vue sur le Lac du Bourget (73) depuis la Chambotte © RA Tourisme / C. Martelet
2. Chambery (73)-Fontaine des Elephants © RA Tourisme / S. Maviel
3. Chambery (73)-Centre de congres le Manege ©RA Tourisme / JL. Rigaux
4. Chambery (73)-Centre Culturel Scientifique et Technique © RA Tourisme / JL. Rigaux

1

2

## 不可不看的景点

### 萨瓦公爵堡

尚贝里的萨瓦公爵堡建于14世纪，目前已经是地区议会的所在地。在导游的带领下就能参观这栋漂亮的老房子。游客还可以参观相邻的圣礼拜堂(Ste-Chapelle)。这座教堂建于15世纪，用以存放都灵裹尸布(Shroud of Turin)。1860 年，当萨瓦成为法国的一部分时，这件圣物从尚贝里转移到了都灵，成了教堂的圣物。这个哥德风格小教堂旁有个幽兰塔（Tour Yolande），塔内共有70个钟，号称为全欧洲之最，每星期六上午会有一场钟声演奏会，悦耳的音符响彻云霄，不要错过。

### 大象喷泉

位于市中心的著名象泉（Fontaine des Elephants），造型奇特，由四头体型庞大的大象组成，十分精美，喷泉建于1838年，是为了纪念General de Boigne 将军而雕刻的。Boigne 将军曾任职东印度公司，回到家乡之后，就把一部分财产捐给了小镇，因此他死后人们立了这个雕塑来纪念他。

### 萨瓦博物馆

位于喷泉附近的萨瓦博物馆（ Musee Savoisien）有各种当地的考古发现，对想了解萨瓦历史的游人来说不容错过，展品包括一批13世纪的精致壁画，表现了萨瓦山区生活的场景，还有雪橇的历史等现代展览等。

### 尚贝里美术馆

尚贝里美术馆收藏了大量14-18世纪的意大利艺术品，对艺术爱好者来说是一个小天堂。

### 雅克・卢梭故居

法国哲学家和作家让－雅克・卢梭曾经在1736至1742年间与他的情人Baronne Louisee le onore de Warens居住在镇东南一公里的Les Charmettes。这栋17世纪晚期的房屋保存完好，还有一条小路通往种满草药、花卉和植物的花园，在这里你就能理解卢梭对大自然的热爱。

### 重要联系方式

www.chambery-tourisme.com

3

4

东部

# 三峡谷滑雪场

**高雪维尔**
**美瑞贝尔**
**葱仁山谷**

这是法国最迷人的滑雪胜地，以三个山谷而得名，名字意为“三个峡谷”，面积辽阔且具备各种难度的滑雪道，这里共有600公里的滑雪道和200辆缆车，是世界上最大的滑雪场。

三峡谷滑雪场由三个滑雪场组成，每一个的气质和特色都略有不同，绝对能满足不同级别的滑雪爱好者，体验在雪地上风驰电掣的感受。

葱仁山谷（Val Thorens）是全欧洲最高的滑雪场，位于海拔2300米高处，能满足任何喜欢刺激的滑雪爱好者。

时尚的美瑞贝尔（Meribel）山谷，海拔1450米，是苏格兰上校Peter Lindsay在1938年建造的，这个以松林小木屋和温馨宁静的气氛，吸引了许多来度假的雪客。滑雪站不算大，但很精致，小小的市中心沿着山坡优雅地起伏，来这里的人，与其说是来滑雪，倒不如说是来享受与世隔绝的悠闲；松林里散发出来的清新，自得其然的小镇，可爱的小木屋更为景色添上闲适的气氛；这里没有了不起的博物馆和人文历史，没有现代的钢筋水泥建筑，更没有车水马龙和巴黎的精品店，如果想要的只是享受阿尔卑斯山的恬静，这里就是最好的选择。

高雪维尔（Courchevel）则是法国乃至欧洲最著名的滑雪胜地，其设备齐全，包括40多家旅馆、60多家烹饪技术一流的国际菜肴餐馆等。在这里，人们还能享受到夜生活和购物的乐趣，各种服务不一而足，完全可与城市相媲美。高雪维尔的五个美丽的度假村坐落在海拔1100和1850米之间的山上。四周大片森林环绕，置身此间，还能一览跌宕的群峰。在这个由三大山谷构成的世界最大的滑雪区中央地带，可以尽享适合各种水平滑雪者的完美的斜坡，以及各种各样的室内外活动，包括赛车、溜冰、滚轴溜冰、健身、烹饪课程等，据说维多利亚·贝克汉姆也是这里的常客。

1. La Vallee Blanche-massif du Mont Blanc (74) © RA Tourisme / JL Rigaux
2. Courchevel-Tarentaise (73) © RA Tourisme / P. Lebeau
3. Ski de fond © RA Tourisme / JL Rigaux
4. Ski hors piste a Meribel-Tarentaise (73) © RA Tourisme / P. Lebeau

4

# 东部 伊泽尔山谷

如果你想滑雪又不想错过派对生活，那么伊泽尔谷肯定能满足你。伊泽尔谷是少有的几个全年都有享乐生活的滑雪胜地之一。它位于Tarentaise 山谷的上方、Bourg St-Maurice东南31公里，这里主要吸引年轻的外国游客，所以整个滑雪胜地显得活力十足充满朝气。去往伊泽尔谷的途中可以看见漂亮宁静的Chevril湖。Tignes村庄和整个地区构成了Espace Killy滑雪区。2009年2月，伊泽尔谷还举办了世界阿尔卑斯滑雪锦标赛，位于Tignes周围的滑雪道也很受滑板者和滑雪者的欢迎。当地有不少的滑雪学校，教授滑板、越野滑雪等，包括法国滑雪学校ESF位于Val Village谷，是一个滑雪商店和后勤服务的集中地。

**活动**

Espace Killy滑雪区为滑雪者提供了极好的300公里长的滑雪道，滑雪道都带有路标，海拔在1550－3450米之间，适合滑雪者不同的挑战，因此这里的滑雪旅行深受世界各地游客的欢迎。

La Daille的滑板公园(Snowspace Park)有半管、平台、裂口、四分之一管和跳跃坡道等，供年轻人玩滑板。7－8月，你还可以在冰川上滑雪。其他冰雪运动包括直升机滑雪、冰下潜水、攀冰、雪靴徒步、雪上汽车和雪橇滑翔伞。娱乐性活动有探照灯照明的空中滑板(airboarding) 和坐雪橇蛇形下滑，这些设备都在Val Village谷对面的萨瓦儿童滑雪道上。夏季游客则能在伊泽尔谷进行步行、骑山地自行车、远足或者攀岩等活动。

1

1. Hotel-restaurant le Christiania a Val d-Isere-Tarentaise (73) © Erick Saillet
2. SPA de l'hotel le Christiania a Val d'Isere-Tarentaise (73) © Erick Saillet

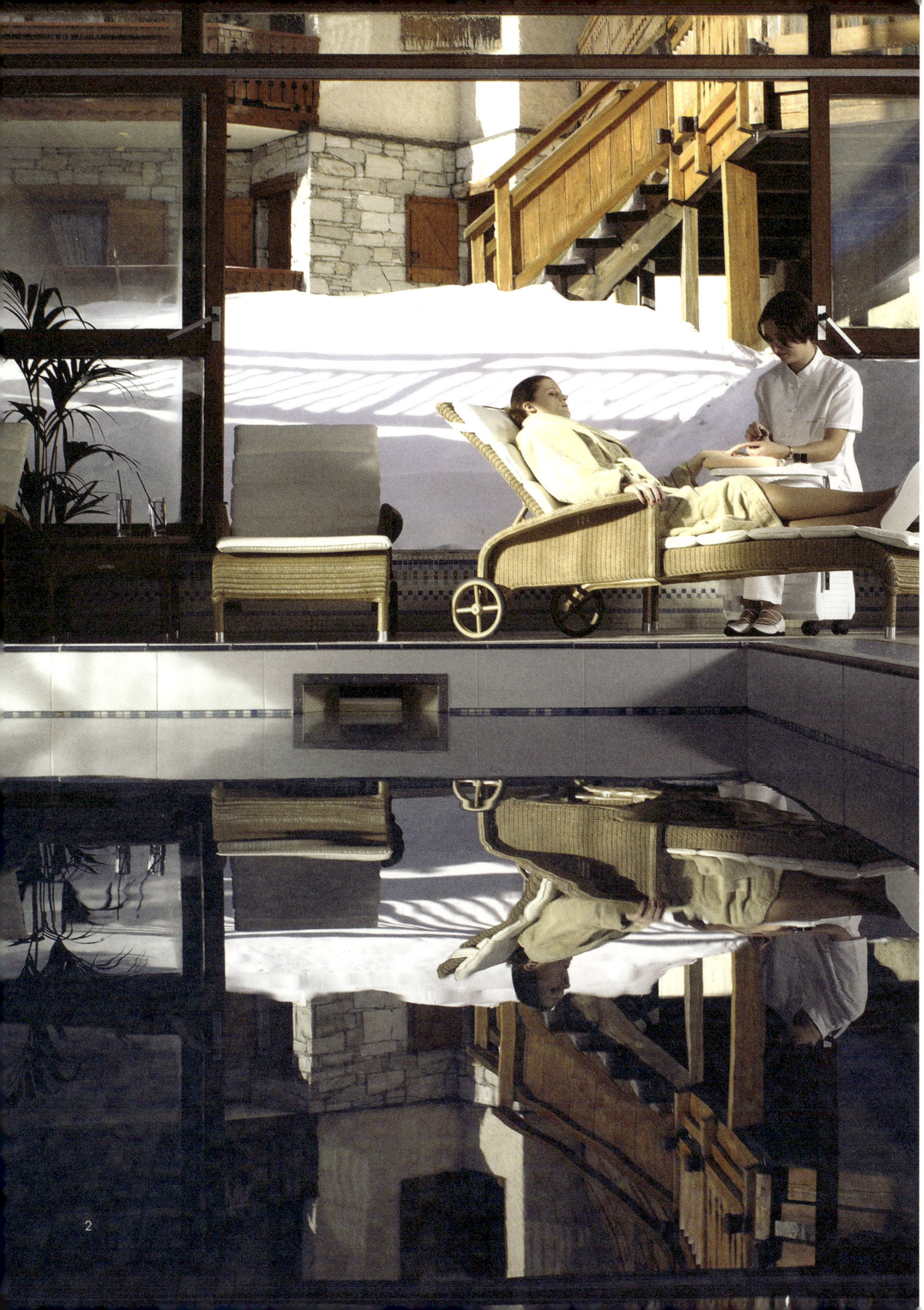

2

东部

# 瓦努斯自然公园 察特勒兹自然公园

## Parc de la Vanoise 瓦努斯自然公园

瓦努斯自然公园占地530平方公里，风景迷人，有俊美高山、蜿蜒的峡谷还有巨大的冰山，富有自然的野性美，这个深受游人欢迎的国家公园位于Tarentaise山谷和Maurienne山谷南边之间，是法国第一个国家公园，建立于1963年。如果盎然的绿色有个出口，那必然是来自瓦努斯自然公园。

1

2

3

1. Marmotton-PN Vanoise (73) © RA Tourisme / L. Collinet
2. Torrent au pied de la Grande Casse-Vanoise (73) © RA Tourisme / E.Anglade
3. Barriere de l'Esseillon, fort Victor-Emmanuel (poudriere) a Aussois-Maurienne, ON Vanoise (73) © RA Tourisme / JL. Rigaux

这个受到高度保护的自然公园，外围不少的村庄，核心区内有旱獭、岩羚羊和法国最大的阿尔卑斯野生山羊群落。如果你安静地徒步，能轻易地看见野生动物，一抬头能看见自由飞翔的金雕和秃鹰。尽管步行路线有限，这里依旧是徒步旅行者的天堂，而且为了保护这个国家公园，有关当局也限制每年开放的时间，通常是6至9月末。其中最受欢迎的路线为Grand Tour de Haute Maurienne，大概需要徒步至少5天或以上的时间，路线囊括了整个公园最精华的部分。

## Parc de la Chartreuse 察特勒兹自然公园

看看尚贝里的周边，就知道附近有不少国家公园，西南面是Parc Naturel Regional de Chartreuse自然公园(法语网站www.parc-chartreuse.net)，夏季时是一片片高原树荫浓密的山坡。当地僧侣从1737年就开始酿造一种亮绿色草药酒，通过安排，游客也能到产草药酒的Voiron酿酒厂餐饮，另外酿酒厂也设有博物馆，记录了修道院千年来的历史以及修道士们离群索居的生活方式。在察特勒兹自然公园的东北面，户外运动的狂热爱好者可以到面积为800平方公里的Parc Naturel Regional du Massifdes Bauges 地区自然公园(www.parcdesbauges.com)，投入大自然的怀抱。这片鲜为人知的区域有无边无际的牧场和高原，是徒步远足和骑自行车的理想地方。

1. Parc de Chateau du Touvet-Chartreuse (38) © RA Tourisme / M. Rougy
2. Le Sappey-en-Chartreuse au pied du Chamechaude-PNR Chartreuse (38) © RA Tourisme / P. Blanc
3. Pause randonnee, cascade du cirque de St-Meme-PNR Chartreuse (73) © RA Tourisme / P. Smit

# 东部 格勒诺布尔

司汤达说：格勒诺布尔是一座站着就能看见山的城市。站在格勒诺布尔的任何一个角落，你都可以去印证司汤达说过的话，只要你一抬头就能看见绵延的山峦，镶在蔚蓝的天边，驻守着这座宁静而舒适的城市。

难怪这座城市人口脸上总有一种知足的表情，在城市里生活累了，随时都能得到大自然的慰藉。

格勒诺布尔被形容为法国阿尔卑斯山的首府，你一抵达就能马上感受到这封号十分贴切，走在格市的任何角落，都能感受到她的美妙之处。

曾经于1968年举办奥林匹克冬季奥运会，格勒诺布尔周围的山丘更是法国人喜欢的滑雪目的地，夏天也是徒步的好地方。市中心不大，徒步即可，沿街的咖啡馆总是挤满了当地人，他们过着平常日子。格勒诺布尔是一个活泼的大学城，城中的60000名学生让整座城市的氛围更为年轻，这里还是法国的化学、电子工业与核研究中心，格勒诺布尔大学更是以理工科著称，近年来大力发展其高科技产业，素来也有法国硅谷的美称，这座城市已经成长为一个领先的技术中心，在核物理和纳米技术方面作出了顶尖的贡献。

1. Grenoble (38)-Marche en centre ville © RA Tourisme / S. Maviel
2. Grenoble (38)-les quais de l-Isere et le telepherique de la Bastille © RA Tourisme / P. Blanc
3. Grenoble (38)£≠Panorama depuis la Bastille © RA Tourisme / P. Blanc

巴士底要塞（Fort de la Bastille）是格勒诺布尔最醒目的地标，高耸于伊泽尔河北岸（Isere）的山丘上，曾经是为了抵御外敌而造，现在这个山上城堡则欢迎游客大军，由河对岸的缆车站乘缆车登上城堡，一览整个城市和山区雄壮的景色。

1. Grenoble (38)-les0bulles0,telepherique de la Bastille © RA Tourisme / P. Blanc
2. Grenoble (38)-Terrasses en centre ville ©RA Tourisme / P. Blanc
3. Grenoble (38)-Concert classique Festival sur la place St-Andre © RA Tourisme / P. Blanc

1

2

3

这座宏伟的16世纪堡垒宛如老城上空的海市蜃楼，当初建造这座堡垒是为了控制通往城市的道路，建成后长期以来一直是军事和政治活动中心。现在城堡上有三个观景点显示牌，为游客解释了周围的景色，要游览城堡可以乘坐河边的Telepherique Grenoble Bastille缆车，缆车由伊泽尔河边码头上升到264米，十分有趣。如果你的脚力够好，也能尝试爬上山，大约需要一个小时的步行就能抵达城堡。

musée de g
5

**博物馆**

艺术爱好者千万不要错过格勒诺布尔市的市立美术馆Musee de grenoble，这个摩登漂亮的现代建筑收藏了不少古典名画，由13至20世纪，几乎所有代表性艺术家的作品都能在这里观赏到，包括毕加索、马特斯等等。

**国家当代美术馆**

这是欧洲最著名的当代美术馆之一，位于一栋由巴黎铁塔设计师古斯塔夫·埃菲尔设计的玻璃钢铁房子里，造型十分新颖。艺术中心共有两个展区，一个占地1000平方米固定展区“La Rue”，艺术家会根据策展人创作配合空间的展品；另外一个900平方米的非固定展区“The Galleries”，也展出了不少当代艺术家的作品。

1. Grenoble (38)-Musee de Grenoble ( des Beaux-Arts) © RA Tourisme / S. Maviel
2. Grenoble(38)-Maison de la Culture © RA Tourisme / P. Blanc

## Musee dauphinois

格勒诺布尔曾经是都芬内多芬内的首府，这个以都芬内多芬内时代为主题的博物馆，就位于一栋建造于1619年的修道院内，院内有个种满了玫瑰花的庭院，十分幽静，整个修道院十分古朴，在庭院和阳台都能眺望到格勒诺布尔的市景。都芬内多芬内博物馆创建于1906年，展品十分丰富，共有12万件生活物件和文件等，经过细心的编排，让游客能了解到格勒诺布尔过去的生活历史，其中固定的展览为“阿尔卑斯山的人民”，让游客能了解阿尔卑斯山人过去的生活状况。建造于1662年的祈祷室，风格依旧保留了当时盛行的巴洛克风格，华丽的装饰性设计布满了各个角落，值得参观。

## 司汤达故居

格勒诺布尔就是司汤达，司汤达就代表了格勒诺布尔，就如同意大利的罗马，那不勒斯和佛罗伦萨以及具有代表性的拿破仑的军队一样不可分开。司汤达故居位于古城内，当时他和祖父住在一起，司汤达就是在这里遇见了他的第一位爱人Virginie Kubly，人们还能看到司汤达受洗礼和安葬他母亲的圣 · 微格教堂，以及1796到1799年间司汤达读书的耶稣会学校等等。

**主教辖区博物馆**

位于圣母广场，壮丽的圣母教堂(Cath e drale Notre Dame)和一旁14世纪的主教宫(Bishops'Palace)自1908年以前一直是格勒诺布尔主教的寓所，现在这里成了主教辖区博物馆。这座宫殿博物馆讲述了本地从史前至21世纪的历史，并引领参观者下到教堂广场地下，那里有一个守卫古罗马城墙的地下室，还有一个公元4-10世纪时的洗礼池。

东部

# 维尔科自然公园

1. Route de Combe Laval-PNR Vercors (26) © L. Pascale / CDT 26
2. Vue Panoramique depuis le plateau d-Amble-PNR vercors (26) © L. Pascale / CDT 26
3. Pont-en-Royans au bord de la Bourne-Royans Vercors (38) © RA Tourisme / JL Chauveau
4. Randonnee a cheval-plateau d'Ambel, PNR Vercors (26) © RA Tourisme / M. Cottin
5. Le Mont Aiguille-PNR Vercors (38) © RA Tourisme / P. Smit
6. Gottes de Choranche£≠PNR Vercors (38) © RA Tourisme / JL Rigaux

1

2

维尔科自然公园(Parc Vercors)占地1750 平方公里，是一个地势较为平缓的自然公园，位于格勒诺布尔的西南边，也是格勒诺布尔市民欢度周末的好去处，这里有比城市还要新鲜的空间，满眼的绿意，为你舒缓城市生活带来的疲劳，是一片慢节奏的宁静绿洲和家庭的理想度假地。这里的越野滑雪、雪靴登山、洞穴探险和徒步旅行都十分受欢迎。除了夏天健行，这里更是滑雪爱好者的天堂。Montagnes de Lans滑雪区域有14条滑雪道。

3

4

5

6

东部

# 艾柯朗自然公园

占地918平方公里的艾柯朗自然公园创建于1973年，是法国第二大自然公园。这片区域内有不少漂亮的小村庄和城镇，公园里有几条河流及古老冰川冲蚀形成的陡峭峡谷。最高处海拔4102米，即有着传奇色彩的顶峰 —— 巴尔德塞克朗峰。游客可由格勒诺布尔东南55公里处的Bourg d'Oisans开

1. Refuge Soreiller au pied de l-Aiguille Dibona-PN des Ecrins (38) © RA Tourisme / JL. Rigaux
2. Plateau d-Emparis-PN des Ecrins (38) © RA Tourisme / JL. Rigaux

始探索这个壮观的国家公园。

Bourg d'Oisans的Musee des Mineraux et de la Faune des Alpes博物馆，以公园的地质和动植物为展览主题，如野生山羊、岩羚羊和白鼬。夏季，你能通过Chemin de Fer de la Mure火车的窗口观察壮丽大自然中的哺乳动物。艾柯朗自然公园内有大约总长700公里的健行路线，使这里成为一个主要的徒步旅行区域。喜欢水上刺激的游客可以沿着Drac的绿色河水划皮艇、攀岩、越野、滑翔伞和骑山地车等。

网站：www.les-ecrins-parc- national.fr

# 东部 阿普德维兹

1

1. Snowboard a l-Alpes d-Huez, Grande Rousses-Oisans (38) © RA Tourisme / F. Marine-http://21turns.net
2. L'Alpes d-Huez-Oisans (38) © RA Tourisme / F. Marine-http://21turns.net
3. Lac de montagne au-dessus de l-Alpe d-Huez-Oisans (38) © RA Tourisme / JL. Rigaux

阿普德维兹是一个在Massif des Grandes Rousses高原上的滑雪场。这里夏天除了是全法自行车赛的重要路线，冬季更是滑雪爱好者挑战自己极限的滑雪圣地，245公里长的高速公路滑雪道从极简单到高难度都能满足不同滑雪者的需求。16公

网站：www.alpedhuez.com

2

里长的La Sarenne是法国阿尔卑斯山最长的黑色高级滑雪道，滑雪客人可以坐Pic Blanc缆车到达。有经验的滑雪者在7、8月也可以到海拔2530－3330米的冰川上去滑雪。

3

# 东部 双阿尔卑斯

网站：www.les-ecrins-parc- national.fr

1

2

海拔1600米的Les Deux Alpes 村，拥有Glacier du Mont de Lans冰川，这座海拔3200-3425米的庞然大物，是村庄内最引人入胜的景点；另外全年的滑雪活动给Les Deux Alpes村带来无

1. Annonay, Haut Vivarais (07)-Fete de la montgolfiere © RA Tourisme / P. Fournier
2. Snowboard aux 2 Alpes-Oisans (38) © RA Tourisme / F. Maire-http://21turns.net
3. Panorama sur les Alpes et le Mont Blanc depuis l-Oisans (38) © RA Tourisme / P. Blanc

数的滑雪客人。村庄较低处开始是羊群聚集的山区牧场，位于东边21公里的La Grave的Vallonsde la Meije，有个垂直下落2150米的滑雪道，只供富有经验的滑雪客人挑战。除了长约225公里的高山滑雪道，Les Deux Alpes村还有一个滑板公园，那里有800米长的斧形管道、120米长的半管、许多的跳跃台以及在滑雪区域沿着雪檐、峡谷和走廊的技术滑道。

## 卢瓦尔省

圣艾蒂安

## 罗纳省

罗纳山谷北部的葡萄酒区

罗纳-阿尔卑斯大区

# 西部

Lac et chateau de Grangent-Pays Stephanois (42) © RA Tourisme / G. Lebois

# 西部 圣埃蒂安

离开了精致的里昂，一小时的车程后就抵达圣埃蒂安。20年前，圣埃蒂安还是欧洲著名的工业城市，但随着欧洲制造业的萧条，这座城市的光芒一

St-Etienne (42)-Musee d'Art Contemporain © RA Tourisme / S. Maviel

夜之间被湮没了，不会再有旅人提起它，纵使她曾经那么风光，其生产的丝带曾经是欧洲贵族们的最爱。走在圣埃蒂安(Saint–Etienne)的大街上，连导游也承认，圣埃蒂安并不漂亮，卖点自然也不是教堂、古典建筑或博物馆，虽然这座城市拥有一个除巴黎外，全法藏品最丰富的当代艺术美术馆。

1. St-Etienne (42)-Immeuble Bossu © RA Tourisme / JL. Rigaux
2. St-Etienne (42)-Immeuble Bossu © RA Tourisme / JL. Rigaux

1

2

如果圣埃蒂安的过去有色彩，那应该是灰蒙蒙的。这座城市善于创造也不断生产，16至20世纪初，圣埃蒂安一直都是法国著名的工业城市，当地的军工业、纺织业、自行车制造业都赫赫有名，然而随着时代变迁，工业没落了，连历史较为悠久基础扎实的军工业也于80年代迁出。时代的变迁为城市敲响了警钟，圣埃蒂安人马上意识到要转型，于是时髦而低污染的设计创意产业成了救命符。自1998年开始举办的圣埃蒂安设计双年展已经名声在外，每年吸引无数的参观者；城市也请来国际知名建筑师诺曼佛斯特设计了新的音乐厅Zenith；城北的设计及创意园区(Cite du Design)建成后将成为设计双年展的永久会址，种种大动作就为了吸引世人看她一眼。

1. St-Etienne (42)-Immeuble XIXe avenue de la Liberation © RA Tourisme / S. Maviel
2. St-Etienne (42)-Cite du design © RAT / JL Rigaux

设计及创意园区占地宽广，由几栋新旧建筑组成，完工后将进驻设计工作室、美术馆、餐饮设施、展示厅、研究中心等，连当地的美术学院也将搬到这里来。目前创意园区马上竣工，过去的军工厂基本保留了原貌，新添加的活动中心（The Platine）则是一栋低矮的长方形环保建筑，顶层的三角形小窗口能根据阳光及天气自动开关及变色，同时也是太阳能板，为建筑提供能源。这不只环保，体现了当今设计对环保理念的诉求，也不断在提示我们设计和创意的灵感其实就在身边，源源不绝。

我们参观了创意园区的办公室，工作人员都在埋头苦干，准备着即将来临的盛大开幕。Christophe Imbert是创意园区的公关总监，带领我们参观整个园区。“圣埃蒂安的设计学院也吸引了越来越多的中国学生，上海世博会期间，我们也

不可不看的景点

**圣埃蒂安艺术和工业博物馆**

这个博物馆在法国独一无二，想要了解圣艾蒂安的工业历史的人不要错过。馆内收买了大量的法国自行车和武器等，反映了圣埃蒂安过去辉煌而创新的工业历史。馆内最令人眼花缭乱，并具有震撼人心的美感的是独特和完整的丝带收藏。圣埃蒂安一直以来都是世界丝带制造的中心，博物馆现藏150万件样品，内容包括丝带、腰带、丝巾和布织画，十分丰富。即使该制造业至今已不复存在，但其专业工艺和收藏品依旧不断地丰富着丝带工艺和高级时装的设计。

会和同济大学有更多的合作计划和交流活动。”Christophe Imbert说。他认为现在搞设计绝对不能闭门造车的，所以兴建这个创意园区，主要的目的就是要设立一个优质的平台，让创意工业领域的人能聚集在一起，通过交流碰撞出创意的火花，这就是创意工业所谓的群聚效应（Cluster effect）。“圣埃蒂安的工业历史有很多的创意，但现在整个法国的制造业十分不济，自然需要转型，为客人提供设计服务等。欧洲不少城市，比如毕尔包和里斯本，就是成功转型的例子，圣埃蒂安有雄厚的工业资本，也有发展创意产业的优厚条件。”Christophe Imbert自信地说着。

当地市政府对这计划十分重视，除了资金之外，也花精力去改善当地交通。“我们甚至在建造一条新铁路，不久后人们就能直接由里昂直达这个创意园区，这也加强了我们对外的联系。” Christophe Imbert说。创意园区中心还有一个L字形的眺望塔，设计造型十分简单，其工业美感也和周遭的环境融为一体，这座眺望塔设有一个空中平台，能360度鸟瞰整座城市风貌，站在上面，能看见远处的山脉，也看清楚圣埃蒂安欲将自己打造成法国设计之城的野心。负责人指着不远处的Zenith说：那是诺曼佛斯特的设计，去年刚刚落成就获得不少奖项，市政府对设计师的要求就是要建造一个地标式的建筑，希望能吸引到更多人关注圣埃蒂安，借助设计师的明星效应，能让更多人意识到我们的转变。

### 费尔米尼及柯比意

除了拥有扎实的工业基础之外，圣埃蒂安地区其实十分适合发展创意产业。据当地导游说，圣埃蒂安人很有生意头脑也勇于创新，全法最大的超市集团之一Casino就是于1860年在圣埃蒂安创立的，Manufrance也于1885年设立了法国第一家邮购服务公司，这样的城市自然不怕改变。著名建筑师和城市规划者勒·柯布西耶（Le Corbusier）曾提出“当代城市”方案，建议巴黎将马海区的破落楼房全部拆掉，盖几栋60层高楼，以解决该区因贫穷而带来的住房及民生问题，这一超前方案处处碰壁，却获得当地市长的青睐，在圣埃蒂安7公里外的Firminy，辟出了一块土地让勒·柯布西耶进行他的城市试验。

1887年出生于瑞士，活跃于法国建筑界的勒·柯布西耶是20世纪最重要的建筑师之一。他是现代建筑及国际形式风格建筑派的先锋人物，作品不多却遍及全球各地，包括欧洲、美国和印度等地，其中最广为人知的就是位于法国东北部的廊香教堂。除了设计建筑和家具等，勒·柯布西耶也提出了不少当时超前的城市规划概念，包括在市中心建造高层公寓，以解决城市人口剧增的问题。勒·柯布西耶最广为流传的名言就是“住房是居住的机器”，鼓吹以工业的方法大规模地建造房屋，这项名为Firminy-Vert的造城计划堪称当时欧洲最前卫的城市规划项目，原计划中包括建三造栋高层公寓（仅一栋建成）、运动场、音乐厅和教堂等，除了印度的昌迪加尔（Chandigarh）之外，目前Firminy是收藏着最多勒·柯布西耶建筑的地区。根据勒·柯布西耶基金的负责人说，他们目前正在为勒·柯布西耶设计的作品申报世界文化遗产，除了法国、瑞士和印度等地都集中了不少勒·柯布西耶的作品，并且相信不久的将来这些独特的建筑会获得更多的关注。

### 圣彼得教堂

圣彼得教堂是这项目中最具有观赏价值和传奇色彩的建筑。教堂的命运可谓坎坷，于建筑师去世5年后开始建造，陆陆续续施工到1978年，因资金短缺等原因被勒令停工，当时教堂也只完成了正方形的地基。2002年，在圣埃蒂安市政府的支持下，教堂在勒·柯布西耶的得意门生主持下重新动工，于2006年底，勒·柯布西耶去世41年后才落成。

建筑外观最醒目的是个犹如帽子形状的混凝土屋顶，高33米，在远处都能看见。教堂除了当作宗教场所使用之外，也对游客开放，并收取门票。第一层原为修道士的住处，现已经辟成勒·柯布西耶的展览馆，展示建筑师设计的建筑模型、家具、生平事迹及画作等。走入教堂的中殿，一切才变得豁然开朗起来，深受勒·柯布西耶影响的安藤忠雄，评价廊香教堂为光线的建筑，而圣彼得教堂最独特之处也在于采光的设计。自然光由屋顶及外墙的三个造型和色彩各异的窗口及围绕墙身的缝隙中输入，不同时刻还能看见造型独特的光线。圣坛上的十字架处理得十分低调，墙上则开了无数个小孔，祷告时能对着满墙猎户座的星光。

离开了教堂的灿烂星光，导游继续带领我们到附近的国际公寓（Unit é d'Habitation）游览。60年前，勒·柯布西耶在法国南部大城马赛完成了第一栋国际公寓，并将其理念复制到其他欧洲城市，目前欧洲共有5栋国际公寓，大部分集中于法国，国际公寓首次在马赛亮相，就被当地人批评为疯子的房子，没有人相信人是能住进像鸽子笼一样的高层公寓单位，把自己囚禁起来，时间证明原来我们大部分人都是疯子。

国际公寓15层楼高，采用清水泥为建材，一切从简以功能先行。部分外墙刷上简单纯粹的红黄蓝，为装饰性色彩。勒·柯布西耶提出的疯狂设计在于解决城市的人口居住问题，国际公寓类似城中城的概念，除了居住单位之外，底层是公共空间，公寓内也设有幼儿园，居住单位以长长的走廊连接起来，类似城市的街道。目前一半的公寓单位作为廉价租房让低收入者入住，另外一半则能在公开市场上自由买卖，据公关说，尽管这里的交通不方便，环境也比较复杂，但不少人还是冲着勒·柯布西耶的名气，认为房子有升值潜能而被抢购一空呢。

西部

# 罗纳山谷北部的葡萄酒区

罗阿纳山谷是法国著名的产酒区，山谷全长约20公里，产酒区虽然不大，但每年都生产了让爱酒人士兴奋的葡萄酒。

Roannais (42)-Chateau de la Roche sur la Loire © RA Tourisme / JL. Chauveau

罗阿纳山谷生产葡萄酒的历史悠久，大概8、9世纪，当地人就发现了这里的土壤和阳光适合栽种葡萄，到了13世纪，罗阿纳葡萄酒才开始受到了大家的关注，皆因卢瓦尔河（Loire）成了该地区对外的主要交通要道，这些优质的葡萄酒也通过水路运往巴黎等大城市，一直到法国大革命期间。

1

1. Degustation de vin © RA Tourisme / A. Prier
2. Vendanges dans les vignobles © Inter Rhone / A. Maigre

酒区离中心城市Roanne不远，距离里昂也只有大约80公里，交通便利，因此深受游人欢迎。由于地理和阳光等因素，这里生产的嘉美葡萄特别好，而大部分的葡萄园都种植嘉美。整个罗阿纳山谷法定产区有大约200公顷，30家独立的酒庄散落其中，共同享有山谷里的丰沛阳光，并对公众开放，所以随意走进任何一家酒庄，尝试一下罗阿纳山谷的葡萄酒是到此旅游最美好的体验。

当然要完全领略罗阿纳山谷的美，就要入住当地的小酒店，不少酒店都家庭经营，颇具特色；附属的小馆子也采用了当地最新鲜和时令的农产品，十分新鲜。朴实的农家菜加上优质的葡萄酒，几个小时的慢餐，生活才变得更有滋味。

2

## 罗纳-阿尔卑斯大区
# 年度主要节庆活动安排

罗纳-阿尔卑斯大区有很多活动，以下列出一些主要的。如果您想获知更完整的信息，您可以咨询旅游局或登陆我们的网站：*www.rhonealpes-tourisme.com*

这些活动往往在每年的同一时期举行。

## 1月

■ 1-3月有滑雪中心的各类活动。

■ 1月15至18日：冰雕比赛。

■ 1月11至21日：伟大的征程 —— 世界上最著名的狗拉雪橇大赛（1000千米，300只狗，来自11个不同的国家）。 *www.grandeodyssee.com*

■ 霞慕尼男子滑雪锦标赛。
*www.leshouches.com*

■ 1月5至9日：Tignes Airwave 欧洲最大的非传统体育秀之一，汇集了滑雪表演，雪上摩托车，自由式滑雪和跳伞运动的最好选手。
*www.tignes.net*

■ 1月14至18日：传统越野滑雪，5千米-42千米，法国最流行的长距离竞赛之一。
*www.lafouleeblanche.com*

## 2月

■ 1月31日至2月1日：德龙新橄榄油节（通常在2月的第一个周末）。 *www.nyonstourisme.com*

■ 2月4至8日：梅杰夫雪地高尔夫比赛，一个传统的雪上高尔夫竞赛。 *www.megeve.com*

■ 2月的第二个星期六：圣保罗三世城堡的松露节：探索松露及其产品的日子：松露市场，松露品尝。
*www.truffle-and-truffe.com*

■ 2月中旬：安纳西威尼斯嘉年华，在类似威尼斯和Doges城的运河，200多人身着节日服装，带着面具，游走于运河边。 *www.lac-annecy.com*

■ 2月2至15日：葱仁山谷世界高山滑雪锦标赛。

1. Courchevel- Tarentaise © RA Tourisme / P. Lebeau
2. Ski de fond au Saisie © RA Tourisme / JL Rigaux
3. Annecy, carnaval venitien(74)- © OT Annecy / Y. Bostroem

1

## 3月

- 阿尔代什接触自然户外运动：11种不同方式的散步，高山自行车，龙舟比赛。 *www.raid-nature-vallon.com*
- 3月12至15日：国际滑雪登山竞赛。 *www.areches-beaufort.com*
- 3月10至28日；格勒诺布尔的爵士音乐节。 *www.jazzgrenoble.com*

## 4月

- 4月最后一个周末：在Ardeche省和Drome省的农场节。 *www.defermenferme.com*
- 4月26日：尚贝里旧货市场（大跳蚤市场）。
- 4月最后一个周末：蒙特利马陶器市场。 *www.montelimar-tourisme.com*

2

3

## 5月

■ 依云古典音乐节：盛世佳作让你体验纯粹的感动。*www.evianroyalresort.com*

■ 5月20至24日：里昂的不眠夜（电子音乐节）；各种类型的电子音乐（合成器流行乐、室内乐、电子乐）在城市各处演奏；音乐厅，美术馆，电影院，博物馆……

*www.nuits-sonores.com*

1

1. Die-Fete de la Transhumance-Diois (26) Vienne (38)- © RA Tourisme / JL. Rigaux
2. Vienne (38)-Ambiance jazz devant le temple d-Auguste de Livie - © www.vienne-tourisme.com
3. Evian Masters Golf Club au bord du Lac Leman (74) - © Evian Royal Resort / JN. Reichel

## 6月

- 6月8至13日：安纳西动画电影节。 *www.lac-annecy.com*
- 6月6至7日：阿尔代什热气球节。 *www.ardeche-guide.com*
- 6月17至20日：阿尔代什世界自行车赛。 *www.ardechoise.com*
- 6月20至21日：德龙高山放牧节。 *www.ladrometourisme.com*
- 从6月中旬至7月中旬：里昂富维埃之夜。在高卢歌剧院遗址演出音乐，戏剧，电影。 *www.nuitsdefourviere.fr*
- 6月的最后一个周末：上萨瓦地区，太阳门登山自行车竞赛。 *www.passportesdusoleil.com*
- 瓦伦斯运河节。 *www.tourisme-valence.com*

2

3

## 7月

- 7月中旬：环法自行车赛，罗阿大区有二至三个最著名的赛段。 *www.letour.fr*
- 双阿尔卑斯的登山自行车赛。 *www.megavalanche.com*
- 6月26日至7月10日：维埃纳爵士音乐节。 *www.jazzavienne.com*
- 自然保护区的古典音乐节。 *www.labeaume-festival.org*
- 安省村庄面包炉节。 *www.ain-tourisme.com*
- 埃克斯雷班光电音乐节：持续三天的布尔杰湖沿岸的声、光和音乐节演出。 *www.aixlesbains.com*
- 格里尼昂城堡欢乐之夜：以塞维尼翁侯爵夫人的伟大城堡为舞台背景的戏剧。 *www.ladrometourisme.com*
- 6月中旬至7月中旬：德龙莫扎特音乐节。 *www.saouchantemozart.com*
- 7月11至12日：蒙特利马薰衣草节。 *www.montelimar-tourisme.com*
- 7月中旬：格勒诺布尔酒吧节。 *www.cabaret-frappe.com*
- 7月23至26日：依云世界女子高尔夫大事赛。世界上最大的女子高尔夫竞赛。 *www.royalparcevian.com*

## 8月

■ 8月27至30日：埃克斯雷班老爷艇展览会。
*www.aixlesbains.com*

■ 8月的第一个星期六：安纳西湖泊节。欧洲最壮观的焰火表演。 *www.lac-annecy.com*

■ 8月15至16日：霞慕尼高山向导节。
*www.chamonix.com*

■ 8月中旬：拉库萨半软淡味干酪节。
*www.laclusaz.com*

■ 8月底：伯辽兹音乐节。
*www.festivalberlioz.com*

■ **Pyroconcerts de Talloires** (Haute-Savoie)：free concerts with fireworks on Lake Annecy 安纳西湖上的音乐和焰火表演。
*www.talloires-lac-annecy.com*

1

## 9月

■ 安省古典巴洛克音乐节。
*www.fest-ambronay.com*

■ 9月16至16日左右：文化遗产节。博物馆和文化场所向公众敞开大门，周末免费。

■ 整个9月在里昂，每两年一次的现代艺术展(奇数年)和两年一次的舞蹈活动（偶数年)。
*www.biennale-of-lyon.org*

■ 9月27日（9月的最后一个星期日）：尚贝里旧货市场（大型跳蚤市场)。
*www.chambery-tourisme.com*

■ 安纳西意大利电影节：这个为期一周的节日给了公众一个接近意大利电影明星和发现新电影的机会。 *www.annecycinemaitalien.com*

■ 伊泽尔滑翔伞和空中竞技。
*www.coupe-icare.org*

2

1. Annecy(74)-Fete du lac - © RA Tourisme / C. Martelet
2. Lyon (69)-Biennale de la danse, le defile - © RA Tourisme / F. Mainard
3. Noel a Megeve-massif du Mont Blanc (74) - © Megeve Tourisme

## 10月

■ 10月10日（通常是第二个星期六）：安纳西放牧节。羊群从山上的牧场回来，穿过整个安纳西市。 www.lac-annecy.com

■ 10月中旬：阿尔代什省板栗节在各个村庄庆祝著名的当地特产 —— 板栗。 www.castagnades.fr

■ 10月1日：里昂红地毯晚会。一年一度的大型跳蚤市场和二手市场开门营业和稍后的开幕式，在著名的2号区 August Comte 大街上，所有最好的旧货店都聚集在那里。 *www.quartieraugustecomte.com*

■ 双阿尔卑斯地区世界滑雪板节：冲浪运动员和各滑雪板生产商的聚会。会有新型产品和收藏品秀。 *www.mondialdusnow.com*

## 11月

■ 11月19日（通常是第三个星期四），薄酒莱新酒上市日。 *www.beaujolais.net*

■ 11月中旬：格勒诺布尔音乐节。*www.38rugissants.com*

■ 11月中旬：圣·埃蒂安，两年一届的设计节（偶数年）和作曲家马斯内节（奇数年）。 *www.institutdesign.com* 和 *www.agglo-st-etienne.fr*

## 12月

■ （通常是12月8号左右的周末）里昂光明节：大型建筑物灯光声音秀。 *www.lyon-france.com*

■ 安省著名的AOC布雷斯鸡品尝活动。 *www.glorieusesdebresse.com*

3

# 罗纳-阿尔卑斯大区 寻梦旅程

## 1 不可错过的罗纳-阿尔卑斯 6天5夜 I

**第一天　巴黎 — 里昂**

到达里昂，入住酒店。

参观联合国世界文化遗产城市 —— 里昂，其中包括富维埃高卢 —— 罗马遗址，里昂老城以及里昂半岛，晚餐前还可以在各大名牌店购物。

晚餐可以在一家米其林星级厨师餐厅用餐。

**第二天　里昂 — 薄酒莱酒区**

早晨游览旧丝绸工业区，了解过去丝绸工人工作和生活的区域。

中午可以在供应里昂特色菜的“勃逊”餐厅就餐。

下午可以选择自由活动，购物，也可以去离里昂30分钟车程的薄酒莱酒区参观并品尝美酒。

晚餐可以回到里昂享受法式大餐。

**第三天　安纳西**

上午从里昂出发，两个半小时的车程，到达安纳西，入住酒店。

午餐可以在安纳西享用特色鱼餐。

下午可以坐游船游览整个安纳西湖（大约1小时30分），然后游览有阿尔卑斯的威尼斯之称的安纳西老城。

傍晚自由活动。

晚餐在安纳西老城就餐。

**第四天　梅杰夫**

上午从安纳西出发，大约经过一个半小时的车程到达阿尔卑斯的传统小镇梅杰夫。

乘坐勃朗峰小飞机环视阿尔卑斯全景（大约40分钟的航程，每架飞机可乘坐3个人）。

在梅杰夫小镇午餐。

下午可以乘坐马车游览整个小镇（大约20分钟），然后自由活动，在名牌店shopping。

在梅杰夫晚餐并夜宿。

**第五天　霞慕尼 — 勃朗峰**

从梅杰夫坐巴士去霞慕尼－勃朗峰，大约45分钟的车程。

乘坐冰山火车去参观冰洞和千年冰河。

中午在山上的阿尔卑斯传统餐厅就餐。

下午坐缆车游览海拔3800米高的南针峰，欣赏欧洲最高峰，海拔4810米的勃朗峰及阿尔卑斯山脉全景。

傍晚返回霞慕尼小镇。

晚餐并住宿。

**第六天　由霞慕尼进入瑞士或意大利**

## 2 不可错过的罗纳-阿尔卑斯 6天5夜 II

**第一天　巴黎 — 里昂**

到达里昂，入住酒店。

参观联合国世界文化遗产城市 —— 里昂，其中包括富维埃高卢 —— 罗马遗址，里昂老城以及里昂半岛，晚餐前还可以在各大名牌店购物。

晚餐可以在一家米其林星级厨师餐厅用餐。

**第二天　里昂 — 薄酒莱酒区**

早晨游览旧丝绸工业区，了解过去丝绸工人工作和生活的区域。

中午可以在供应里昂特色菜的“勃逊”餐厅就餐。

下午可以选择自由活动，购物，也可以去离里昂30分钟车程的薄酒莱酒区参观并品尝美酒。

晚餐可以回到里昂享受法式大餐。

**第三天　安纳西**

上午从里昂出发，两个半小时的车程，到达安纳西，入住酒店。

午餐可以在安纳西享用特色鱼餐。

下午可以坐游船游览整个安纳西湖（大约1小时30分），然后游览有阿尔卑斯的威尼斯之称的安纳西老城。

傍晚自由活动。

晚餐在安纳西老城就餐。

**第四天　霞慕尼 — 勃朗峰**

从梅杰夫坐巴士去霞慕尼－勃朗峰，大约45分钟的车程。

乘坐冰山火车去参观冰洞和千年冰河。

中午在山上的阿尔卑斯传统餐厅就餐。

下午坐缆车游览海拔3800米高的南针峰，欣赏欧洲最高峰4810米的勃朗峰及阿尔卑斯山脉全景。

傍晚返回霞慕尼小镇。

晚餐并住宿。

**第五天　霞慕尼 — 勃朗峰 — 格勒诺布尔**

上午从霞慕尼出发去格勒诺布尔，大约2小时车程。

乘坐城市缆车去格勒诺布尔的最高处俯瞰整个城市。

午餐可以尝试阿尔卑斯的多芬奶酪餐。

下午参观著名的察特勒兹酒厂，品尝特色的产品。

回程中游览邮递员的梦想中的石头城堡。

回到格勒诺布尔晚餐并住宿。

**第六天　格勒诺布尔 — 拿破仑之路**

由此可以去蓝色海岸，戛纳及尼斯等。

## 3 法瑞经典8天7夜

**第一天　上海 — 巴黎**

游览巴黎，埃菲尔铁塔，蒙玛特高地，卢浮宫，香榭丽舍街 。

**第二天　巴黎 — 里昂 — 薄酒莱**

08:00—10:00 巴黎到里昂。

10:00—12:00 游览世界文化遗产城市里昂。

12:00—14:00 在（Le Bouchon）勃逊餐厅品尝经典里昂传统菜。

14:00—14:30 去薄酒莱（Beaujolais）体验一下法式葡萄酒的魅力。

游览法国传统村庄。

参观酒窖并品尝当地特色的葡萄酒。

17:30—18:00 坐车回里昂。

18:00—19:00 晚餐：中式六菜一汤。

住宿：市区三或四星酒店。

**第三天　里昂 — 霞慕尼**

09:00—11:30 从里昂坐车去霞慕尼。

11:15—12:30 坐Montenvers小火车去山顶看千年冰洞。

12:30—14:00 午餐。

14:30—17:00 坐缆车上海拔3800米高的南针峰观赏阿尔卑斯山脉全景。

17:00—18:00 小镇购物。

18:00—19:00 中式晚餐。

19:00 住宿三星酒店。

**第四天　霞慕尼 — 安锡湖 — 依云**

10:00 到达法国的威尼斯 — 安锡，参观水城（可选择步行参观或坐船游览安纳西湖）。

12:00—13:00 品尝安锡著名的鱼宴。

13:00—14:00 到达依云镇，漫步小镇。

16:00 18:00 依云SPA体验。

18:00—19:00 晚餐。

夜宿依云镇。

**第五天　依云 — 日内瓦**

**第六天　日内瓦 — 卢塞恩**

**第七天　卢塞恩 — 苏黎世**

**第八天　苏黎世 — 上海**

## 4 8天7夜法国经典游路线

**第一天　巴黎 — 里昂**

到达里昂。转站和入住。游览被联合国教科文组织命名为世界遗产的里昂市（参观富维耶山上高卢罗马人的遗迹和里昂的老城区）。中式晚餐，晚上在里昂住宿。

**第二天　里昂（薄酒莱葡萄园）**

早晨游览丝绸之都里昂（参观丝绸工厂或丝质服装厂和纺织博物馆）。午餐为典型的里昂家常菜。下午是自由活动时间，供游客自由购物，或者选择访问薄酒莱葡萄园，包括参观葡萄酒酒窖并品尝葡萄酒。晚上回到里昂参加游船晚餐或经典美食晚餐，并在里昂住宿。

**第三天　安锡湖 — 霞慕尼、勃朗峰、梅杰夫**

乘长途旅游车离开里昂前往安锡湖（1小时30分钟），游览“阿尔卑斯的威尼斯” —— 美丽迷人的中世纪古城安锡。在游船上吃午餐，之后自由观光。然后到达霞慕尼、勃朗峰或梅杰夫。晚上在那里吃晚餐并住宿。

**第四天　霞慕尼勃朗峰/梅杰夫**

在霞慕尼勃朗峰（欧洲的最高山峰），乘坐缆车至南针峰，观赏整个阿尔卑斯山和勃朗峰的壮观景色。返回霞慕尼市中心吃午餐，并品尝法国阿尔卑斯地区的特色小吃。下午，乘坐蒙特维尔火车对各个滑雪胜地和被称为“冰海”的大冰川作短暂的观光游览，或者，访问法国阿尔卑斯区迷人的传统小城梅杰夫：乘坐马车游览小镇，并享受在商店购物的乐趣。晚上在霞慕尼或摩津吃晚餐并住宿。

**第五天　霞慕尼勃朗峰/梅杰夫 — 格勒诺布尔**

早晨离开霞慕尼前往格勒诺布尔，品尝Dauphinoise游船午餐。参观法国阿尔卑斯区首府格勒诺布尔市（巴士底城堡和老城区），然后访问格勒诺布尔博物馆，或者是参观Voiron的Chartreuse察特勒兹大酒窖。晚上在格勒诺布尔市吃晚餐并住宿。

**第六天　格勒诺布尔 — 拿破仑之路**

离开格勒诺布尔通过拿破仑大道前往蔚蓝海岸，到达戛纳。

**第七天　蔚蓝海岸**

游览戛纳、尼斯和法国地中海游憩胜地。晚上在尼斯吃晚餐并住宿。

**第六天　离开法国，返回中国**

## 5 6天5夜，法国美食与美酒 豪华线路

**第一天　巴黎**

**第二天　巴黎 — 里昂**

到达里昂。转站和入住。上午游览被联合国教科文组织命名为世界遗产的里昂老城区，午餐品尝里昂特色菜。下午到LV，Hermes等专卖店Shopping，晚上在米其林餐厅品尝法式大餐。

**第三天 里昂 — 德龙**

从里昂出发，来到法国三大葡萄酒区之一的罗纳河谷酒区，在L'Hermitage 酒庄停留，品尝葡萄酒，参观葡萄园，Shopping，并午餐。下午参观著名的格里尼昂城堡。如果是12-2月的话，行程可以改为：参观松露园，并可以带着专业培训过的狗去寻找松露，晚餐品尝松露大餐。夜宿Rochegude城堡或保罗三世城堡酒店。

**第四天 德龙（Suze la Rousse / Nyon）**

上午参观世界第一的Suze la Rousse 葡萄酒大学，了解短期的葡萄酒品酒课程（可发培训证书），下午到Nyon尼翁，法国南部最大的橄榄种植地，做一次橄榄产品的品尝，并shopping. 在夏季，可以更换为薰衣草产品的体验活动。

**第五天　德龙 — 蓝色海岸**

**第六天　蓝色海岸 — 戛纳 — 尼斯**

**第七天　尼斯 — 回中国**

## 6 4天3夜，松露和葡萄酒之旅（里昂及罗纳河谷）

**第一天　巴黎 — 里昂**

到达里昂，入住酒店。

参观联合国世界文化遗产城市 —— 里昂，其中包括富维埃高卢 —— 罗马遗址、里昂老城以及里昂半岛，晚餐前还可以在各大名牌店购物。

晚餐可以在一家米其林星级厨师餐厅用餐。

**第二天　德龙**

从里昂出发去罗纳河谷。

在Tain l' Hermitage 品尝当地盛产的葡萄酒。

下午参观格里尼昂城堡。

傍晚自由时间游览小镇。

入住Chateau de Rochegude城堡（四星级）或同星级的三保罗城堡。

晚餐为松露大餐。

**第三天　德龙**

上午参观Suze la Rousse旭日拉汝兹的葡萄酒大学，学习怎样品酒。

在葡萄酒大学午餐。

下午驱车去游览法国南部的橄榄产地 —— 尼翁，作一次橄榄产品品尝会，或者参观薰衣草产品制作。

在德龙晚餐并住宿。

**第四天　离开德龙去阿维尼翁（大约一小时车程）**

## 7 7天6夜，罗纳-阿尔卑斯SPA旅程

**第一天　巴黎 — 里昂**

到达里昂，入住酒店。

参观联合国世界文化遗产城市 —— 里昂，其中包括富维埃高卢 —— 罗马遗址，里昂老城以及里昂半岛，晚餐前还可以在各大名牌店购物。

晚餐可以在一家米其林星级厨师餐厅用餐。

**第二天　里昂**

在里昂的Hotel Lyon METROPOLE（四星级）*www.lyonmetropole.com* 大都会酒店享受SPA。或者在Charbonnieres les Bains (West side of Lyon) *www.pavillon-rotonde.com* 享受SPA。

中午在里昂市中心午餐。

下午自由活动购物。

晚餐在里昂享用法式大餐。

**第三天　依云**

上午从里昂驱车去依云。

入住酒店。

Hilton Evian 依云希尔顿酒店或者 Evian Royal Resort依云皇家酒店。

在酒店享受SPA以及丰盛的法式大餐。

**第四天 依云**

上午在莱蒙湖上坐船游览瑞士法国两岸风光。

下午参观Yvoire依瓦。

回到依云晚餐并住宿。

**第五天　依云 — 梅杰夫**

从依云驱车到达梅杰夫 — 阿尔卑斯传统小山村。

上午坐马车游览小镇。

在镇上午餐。

下午在梅杰夫享受SPA。

晚餐并住宿。

**第六天　梅杰夫**

上午坐小飞机游览阿尔卑斯山脉全景，俯视欧洲最高峰勃朗峰。

中午返回梅杰夫午餐。

下午在梅杰夫shopping。

晚上晚餐和夜宿梅杰夫。

**第七天　从梅杰夫出发去蓝色海岸**

## 8 里昂1日游览选择

**里昂一天**

■ 富维埃高地，俯视整个里昂城全景，圣母教堂，罗马剧院遗址。

■ 联合国世界文化遗产城市 —— 里昂老城。

■ 市中心，里昂半岛，世界名牌集中地，可shopping。

■ 另外，可选择参观里昂红十字区，过去丝绸工人工作和居住的地区，现保留了丝绸博物馆，以及过去运送丝绸的秘密通道。

在经营里昂传统菜的bouchon勃逊餐厅就餐。

可在罗纳河上游船并晚餐。

夜宿里昂市中心三星或四星的酒店。

## 9 安纳西1日游选择

**安纳西一天**

上午参观法国的威尼斯 —— 安纳西老城（情人桥，小岛宫等），每逢周二、五、六还有当地人的集市可参观。

午餐：安纳西特色鱼宴。

下午坐船游览安纳西湖全景（1小时）。

## 实用

更多信息请查询罗纳-阿尔卑斯旅游局网站：

*www.rhonealpes-tourisme.com*

## 重要联系方式

法国旅游发展署 ATOUT FRANCE
*www.franceguide.com*

法国山地旅游协会
FRANCE MONTAGNES
*www.france-montagnes.com*

罗纳-阿尔卑斯大区旅游局
RHONE ALPES TOURISME
*www.rhonealpes-tourisme.com*

主要省市地区旅游局：
安省旅游局AIN
*www.ain-tourisme.com*

阿尔代什省旅游局 ARDECHE
*www.ardeche-guide.com*

德龙省旅游局 DROME
*www.ladrometourisme.com*

伊泽尔省旅游局 ISERE
*www.isere-tourisme.com*

卢瓦尔省旅游局 LOIRE
*www.loiretourisme.com*

罗纳省旅游局 RHONE
*www.rhonetourisme.com*

萨瓦省及上萨瓦省旅游局 SAVOIE & HAUT SAVOIE
*www.savoie-mont-blanc.com*

法国

# 旅游小贴士

## 出行指南

**签证**

中国公民前往法国从事商务活动、探亲或旅游，可以登录中华人民共和国外交部网站，点击“国家和地区”，选择“法国”，进入后点击“前往法国注意事项”，即可获得比较详细的办理签证的最新情况，以及其他相关信息，包括赴法国须知、签证所需证件、签证费用、各地签证处地址电话、入境须知、海关规定、医疗、保险、交通、治安、相关法律和气候等等。

**旅游签证**

进入法国需要办理旅游签证（申根签证）。申请签证，既可以在第一个所到国的领馆办理，也可以到主要目的国的领事馆办理。办理签证的其他文件中，还应包括医疗保险以及自己具备充足资金的证明。除非紧急情况（比如医疗问题），旅游签证是不能被延长的，如果签证已经过期了，就必须离开法国，而且只能在法国之外重新申请签证。

## 货币

法国和其他欧盟成员国一样都是使用欧元的。

铜币：共有一分(1cent)，两分(2cents)和五分(5cents)面值的三种辅币。

黄色合金硬币：共有10分(10cents)，20分(20cents)和50分(50cents)面值的三种辅币。

双色合金硬币：共有1欧和2欧两种辅币

欧元各面值纸币颜色各异，目的是为了便于使用者区分。但须注意区分5欧和20欧的纸币，因为这两种面值的纸币颜色较为近似。
5欧纸币：灰色

10欧纸币：红色
20欧纸币：蓝色
50欧纸币：橘红色
100欧纸币：绿色
200欧纸币：黄色
500欧纸币：紫色

## 外币兑换

在法国有两种地方可以兑换外币，一是兑换店(bureau de change)，二是银行（banque)。两种兑换点一般都由周一至周五营业，营业时间一般为9:00－17:00。兑换的时候都会附加上一定的手续费。但是目前法国还不接受人民币直接兑换欧元，只能用美元兑换，所以建议在国内的中国银行提前兑换好。有一点非常重要，兑换欧元的时候尽量选择50欧以下的面额，因为法国的商店为了避免假币的危险，一般都不愿意接受100欧面值以上的货币。

## 付款

**现金**

法国人都喜欢对方付现金，因此最好准备一些零钱硬币和20欧以下小面值的纸币以应付旅游期间的日常开销：出租车、公车、小费、饮料、电话卡、公厕等。

**银行卡**

国际银行卡在各处都被认可，特别是在那些旅游景点，自动取款机一般都是全天24小时开放，您能很容易地在银行的外墙和旅游区找到。当然您还可以用信用卡在商店、餐馆或酒店直接付账。但多数情况下您一次性消费超过10欧才可以刷卡。您还可以用银行卡在公用电话亭打电话，你通讯所进行的消费会从您的账户上扣除并记录在您的银行账单上。

**注意事项**

在法国只有在二手店、跳蚤市场等地才可以讨价还价，其他地方建议您最好照价付款。
为了防止被盗，建议您每次出门只带上当天预算花销的现金，使用小面额钞票，并将他们分别放在身上不同的地方，还要注意保护您的银行卡密码不被人偷窥。
在信用卡被盗或丢失的情况下请立即同您的银行挂失部门联系。

## 餐饮

法国一般餐馆的营业时间是在正午12:00－14:30，晚上19:00－23:00。其他时间则可到Cafe或Brasserie等咖啡茶座也可到Creperie薄饼店。大部分餐馆都在门口张贴了当日的菜单及价钱，而午饭时大多有 Plat de jour（今日推荐菜单)，价钱较为相宜。菜单一般是按下列顺序写的：Entree正餐前的头道菜，通常有汤或色拉等；Poissons鱼类；Viandes肉类；Legumes蔬菜类；Dessert甜品。不必每样都吃。
名菜多不胜数，包括鹅肝酱、海鲜、蜗牛、芝士等等。在法国吃东西花费并不很昂贵。菜单里有许多固定价格在10欧元以下的简单可口的食物。稍微多花一点钱就能有更多的菜可选。一旦超过20欧元就能得到美食家的满足，有许多的不同国家的餐厅可选。有北非，南非，中国，日本，越南，希腊还有更多的。素食餐厅的数量在增长，印度人，犹太人，意大利人的餐厅是提供素食菜的好地方。
几乎所有餐厅都已将税及15%的服务费包括在价格内。若某间餐厅的食物或服务特别好，一般客人会多付1－1.5欧元服务费。

## 购物

法国大多数的消费品都会被附加上19.6%的消费附加税(TVA)，对于日常消费的食品，治病(非保健)用的药品和书刊类政府所追加的消费附加税比较低，为5.5%。一般来说，您所购买的商品或服务的标示价格都已包含了消费附加税，特别是对于价格上标明了TTC (toute charges comprises包含所有附加费用)的商品或服务，则明确表明了此价格包含一切其他附加费用。

**退税条件**

作为外国游客，您在法国享有购物退税的权利，也就是说您能在法国以相对优惠价格购买到世界名牌商品。只要您一次性在同一家商店购买超过175欧的商品就能享受到11%-12%的购物退税。付账时不要忘记向收银员索要全球退税支票(Global Refund Cheque)，并出示护照，还须说明是要以现金方式退税或信用卡方式退税，收银员会帮您填好退税支票。离开法国的那天要把退税支票先交到机场海关检查盖章，然后再交给机场里专设的退税点的工作人员，如果您事先要求以现金方式退税的话，那您就可以当场拿到您的退款，不过一般需要支付3%的手续费，如果是信用卡的话，那您的退款就要等到每个月信用卡结算的时候才会打到您的卡上。

每年1月和7月中旬开始的一个月内，法国的商店都会有特别丰厚的折扣。

## 通讯

中国联通和中国移动支持法国国际漫游，但收费比较贵，每分钟在14－20元之间，仅发短消息的费用都在1.85－2.54元之间。也可以到小杂货店里购买国际IP电话卡。

## 特产

香水、化妆品、时装、皮革制品、珠宝饰物、丝质制品、手袋、艺术品及品种繁多的葡萄酒和各种各样的奶酪。

## 住宿

法国是欧洲拥有连锁饭店最多的国家之一。规模化经营为游客提供方便、便宜的住宿。每个大的集团旗下还有不同层次的饭店集团，满足不同层次客人的需求。多数饭店报价时不包括早餐，要在饭店用早餐一定要问清楚早餐的价格。酒店价钱是以双人房计算，通常双人房价是以两人入住为标准，但常单人房客满时，单人亦可住入双人客房。大多数法国酒店所发布的房价是包括服务费及税项。

在法国住宿可选酒店、城堡、青年旅馆、乡村度假屋、庄园及城堡式酒店、别墅，屋宇及房间租赁等方式，青年旅馆是很好的选择。

青年旅馆的法文叫 Aubergee de Jeuress。在法国青年旅馆格外多，大的观光都市中大多都有1-2家。地方上也有许多独具特色的青年旅馆。只是，青年旅馆大多离市中心或车站较远，前往时也颇费周折，所以如果打算只在镇上住一夜的话，没有必要拘泥于青年旅馆。在车站附近的便宜旅馆住宿，时间上比较有利。但是，如果打算停留好几晚的话，当然青年旅馆是最好的选择。

除了Auberge de Jeuness之外，还有Centre d'accueil等名称的青年住宿设施。其中除了有和Auberge de Jeuness相同的经常性营业的住宿中心之外，还有只在旅游旺季开放的大学宿舍和特别为国际交流与职业训练开放的住宿中心。详细情况，只有在查询后才能得知，价格便宜、房间大而舒适，设备也很齐全，餐厅的饭菜也很丰盛。

## 交通

**搭乘飞机**

从北京、上海、广州坐直航巴黎戴高乐机场或者所有欧洲大城市的机场，然后转机飞抵里昂机场。

巴黎戴高乐－里昂：约1小时

瑞士日内瓦－里昂：约1小时

德国法兰克福－里昂：约1个半小时

荷兰阿姆斯特丹－里昂：约1小时40分

从中国出发的航空公司有：

法国航空：www.airfrance.com.cn

卡塔尔航空：www.quatarairways.com

德国汉莎航空：*www.lufthansa-greaterchina.com*

英国航空：*www.britishairways.com*

荷兰皇家航空：*www.klm.com.cn*

中国国际航空：*www.airchina.com.cn*

中国东方航空：
*www.ce-air.com/cea/en_US/homepage*

**乘火车前往**

从巴黎戴高乐机场或巴黎的Gare de Lyon出发：搭乘TGV高速火车从巴黎到里昂只需要两小时，每天有30趟的往返班次。

另外，从布鲁塞尔、阿姆斯特丹、克隆出发，搭乘THALYS也可到达里昂以及罗纳－阿尔卑斯大区滑雪胜地（霞慕尼等）。

*http://www.sncf.com*

*http://www.thalys.com*

从欧洲其他城市出发：*http://www.eurostar.com*

**自驾车前往**

罗纳–阿尔卑斯大区的各大城市，葡萄园区，风景名胜区及滑雪胜地之间都有便利的高速公路和国道网紧密连接。

*www.michelin.fr* 网站提供详细的米其林地图（罗纳–阿尔卑斯大区的地图为第244号）

*www.meteo.fr* 网站为您提供各种气候概况。

## 时差

法国实行夏令制，每年的3月最后一个星期天凌晨2点时，将时间拨快1个小时，到10月的最后一个星期天凌晨3点时，再将时间调回。夏令制时的时差为6小时，冬季为7小时

## 营业时间

食品店，特别是面包店，一般开门较早；服装店和百货店9点或10点开门。小城镇上的商店一般12:00－14:30分不营业，但巴黎和其他主要城市商店一直开门。大部分商店19点关门，但城外超市一般开到20点甚至21点。

每周四晚上所有的商店都会延长营业时间，一般的服装店20点关门，百货店和超市营业到21点。

周日除了个别超市或杂货店会开门，其他商店全天休息。

## 国定节假日

法国人的公共假日远远多于其他欧洲国家，让法国人有足够的时间浪漫。法国的节庆假日多以宗教节日为主，包括复活节、耶稣升天日、圣灵降临节、圣诞节等，而国际性的节日，在法国也会放假的，

如新年元旦、国际劳动节等。
很多公司都会给员工提供每年5周的带薪年假，而学校的放假时间更是多得惊人。
法国深受世界大战之苦，是一战和二战中受到创伤最大的国家之一，为了铭记历史的教训，法国于每年的5月8日、11月11日会各放一天假，用于纪念一战、二战停火协议的签订。

上海文艺出版（集团）有限公司

**图书在版编目(CIP)数据**

法国罗纳–阿尔卑斯大区旅游指南/叶孝忠著. – 上海：上海锦绣文章出版社，2010.7初版

ISBN 978–7–5452–0581–7

Ⅰ.①法… Ⅱ.①叶… Ⅲ.①旅游指南–法国 Ⅳ.①K956.59

中国版本图书馆CIP数据核字(2010)第058674号

书　　名：法国 罗纳–阿尔卑斯大区 旅游指南

策　　划：法国罗纳–阿尔卑斯大区旅游局
　　　　　上海故事会文化传媒有限公司

出 品 人：何承伟
统　　筹：路诚洁
作　　者：叶孝忠
责任编辑：夏青根
装帧设计：王　伟
责任督印：张　凯

出　　版：上海锦绣文章出版社 · 上海故事会文化传媒有限公司
发　　行：上海文艺出版（集团）有限公司
　　　　　电话：021–60878676
　　　　　　　　021–60878682
　　　　　传真：021–60878662
　　　　　地址：上海市打浦路443号荣科大厦1501室
　　　　　邮箱：wyfx2088@163.com
　　　　　邮编：200023
印　　刷：上海中华商务联合印刷有限公司
经　　销：新华书店
版　　次：2010年7月第1版第1次印刷
规　　格：787 × 1092　1/16　印张11.25
书　　号：ISBN 978–7–5452–0581–7/K · 186
定　　价：48.00元

如发现本书有质量问题，请与印刷厂质量科联系　Tel:021–59226097



STORIES

**上海故事会文化传媒有限公司 出品（00339）**　www.storychina.cn

上海故事会文化传媒有限公司所有图书可办理邮购，免收邮费（挂号除外）

汇款地址：上海市南绍兴路74号（200020）；收款人：上海故事会文化传媒有限公司　联系电话：021–54667910